# LA CURA DE LA GENERACIÓN ANSIOSA

## Una Guía Tranquilizadora Para Padres Aterrorizados Conviértase En El Adulto Regulado Que Cría Niños Regulados

Madeline Armstrong

Publicada en los Estados Unidos de América.

# PREFACIO

Sé por qué tomaste este libro.

Porque estás cansado del ruido.

Cansado de la ansiedad que se siente densa en el aire.

No son solo tus hijos los que están en pánico.

Eres tú.

Soy yo.

Estamos viviendo en un tiempo de alta alerta.

Quizás sientes que estás fallando.

Quizás has leído todos los demás libros.

Y te dejaron sintiéndote culpable o inadecuado.

Eso se detiene aquí.

Este no es un manual lleno de reglas imposibles.

Esta es una conversación tranquila y constante.

Se trata de pasar del miedo a la presencia.

Se trata de comprender la ciencia simple y elegante que rige todo comportamiento humano.

Vamos a comenzar contigo.

Vamos a regular al adulto primero.

Porque un adulto regulado es el mayor regalo que podemos dar a un niño.

¿Listo para respirar?

# ÍNDICE

# INTRODUCCIÓN

## LA VERDAD ALARMANTE SOBRE POR QUÉ TU MANUAL DE "DISCIPLINA SUAVE" SIGUE FALLANDO (Y CÓMO ARREGLARLO INSTANTÁNEAMENTE)

Hay un caos ocurriendo ahora mismo.

Vibra bajo la superficie de cada cena familiar.

Surge durante cada discusión sobre el tiempo de pantalla.

Cada transición se siente como un campo de batalla.

Lo llamamos 'la generación ansiosa'.

Pero seamos honestos.

Son los padres ansiosos quienes crían a la generación ansiosa.

¿Cierto?

Estamos exhaustos. Estamos abrumados. Nos sentimos perpetuamente inadecuados. El mercado está saturado de guías de "crianza suave" y cursos de "disciplina consciente". Las leemos. Memorizamos los guiones. Nos decimos a nosotros mismos, seré paciente. Validaré sus sentimientos.

Entonces llega la tarde del martes.

La mochila es lanzada. La tarea es rechazada. El hermano es golpeado. El ruido aumenta. Y de repente, tu cuidadosamente construido estrategia de crianza se disuelve. Oyes el grito escapando de tu garganta. Sientes la aguda y fría desconexión de la retirada.

Se sintió como si una ola gigantesca nos golpeara.

Tratamos de ser pacientes. Tratamos de ser gentiles. Tratamos de estar conectados. Luego, nuestro propio sistema nervioso grita. Nuestro detector de amenazas fisiológicas se activa. Revertimos a reacciones primales. Recurriemos a gritar. O amenazar. O retirarnos. Y luego la abrumadora y sofocante culpa se desploma sobre nosotros.

Conozco ese ciclo íntimamente. Lo viví. He guiado a miles de padres a través de él.

La verdad alarmante es esta: esos manuales de crianza—los que solo hablan acerca de qué decirle a tu hijo—fallan porque omiten el paso más crítico. Omiten el prerrequisito. Asumen que tú, el adulto, ya estás calmado. Asumen que estás regulado.

No lo estás. Ninguno de nosotros lo está, de manera consistente.

Este libro es tu salida. No es otro guion para memorizar. Se basa en una premisa simple que cambia todo: Debemos sanar el sistema nervioso antes de poder sanar el hogar.

No estamos tratando con un problema de comportamiento. Estamos tratando con un problema biológico.

Vamos a mezclar la dura neurociencia—la ciencia elegante y simple de la seguridad—con una profunda y no juiciosa empatía. Vamos a ver por qué ocurren las cosas dentro de tu cuerpo. No solo qué hacer cuando ocurren fuera del cuerpo de tu niño.

Ya tienes el amor. Ya tienes la intención. Lo que te falta son las herramientas biológicas para mantenerte presente cuando la presión está alta.

Estamos cambiando completamente el enfoque. Menos enfoque en controlar al niño. Más enfoque en estabilizar al adulto.

Porque el comportamiento de un niño es siempre, siempre, un reflejo de su estado interno. Y su estado interno siempre está reflejando la señal de seguridad—o la falta de ella—que proviene de su cuidador principal. Tú eres su ancla de seguridad. Debes ser estable.

Este es un viaje hacia convertirte en el refugio seguro que tus hijos necesitan desesperadamente. La calma que cultivas dentro de ti se convertirá en la calma que ellos respiren en tu hogar.

Comencemos el trabajo esencial de volver a casa con nosotros mismos.

# CHAPTER ONE

## LA TRAMPA DE LOS PADRES: EXPUESTA: POR QUÉ TU CONSTANTE PREOCUPACIÓN ES EL SABOTEADOR Nº1 DE LA ESTABILIDAD DE TU HIJO

Este constante zumbido de temor. ¿Lo sientes?

Es el tercer padre invisible en cada hogar ahora mismo. Lo llamamos "preocupación parental". Pero preocupación es una palabra demasiado suave. Esto es pánico crónico y de bajo grado. Se asienta en tus hombros. Aprieta tu pecho cuando suena el teléfono de la escuela. Grita dentro de tu cabeza: ¿Estoy haciendo suficiente? ¿Está mi hijo a salvo?

Estamos cableados para la preocupación. La preocupación es buena. La preocupación te hace abrocharte el cinturón. La preocupación te ayuda a establecer límites. La preocupación es proactiva, fundamentada y temporal. Hace que se cumplan trabajos.

Lo que enfrentamos hoy es fundamentalmente diferente. Es ansiedad flotante y libre. No tiene un objeto. Es un sistema de alarma atrapado permanentemente en el ajuste de "alta alerta". Es agotador. Es desgastante. Y es el mayor impedimento para el bienestar de tu hijo.

Entiende esto profundamente: Tu sistema nervioso es el clima de tu hogar.

Cuando andas constantemente activado—esperando la próxima crisis, desplazándote buscando el próximo peligro, o castigándote por el último fracaso—estás proyectando inestabilidad. Estás transmitiendo estrés.

Los niños son expertos detectores de radar emocional. No escuchan las palabras suaves que usas cuando estás en pánico. Sienten la frecuencia de tu miedo. Sienten la tensión en tu mandíbula. Absorben las respiraciones rápidas y cortas que tomas cuando piensas que estás ocultando tu estrés.

Aprenden a regularse, o desregularse, según tu presencia constante.

Si el contenedor adulto es inestable, el niño no puede confiar en el espacio. Si el adulto está constantemente en modo de lucha o huida, el niño asume que el mundo debe ser peligroso.

Hemos probado cada método de disciplina. Hemos leído los guiones. Hemos construido las tablas de calcomanías. Nada de eso funciona si comenzamos desde un lugar de caos interno.

La trampa es creer que debes arreglar al niño primero.

La verdad es, debes regular al adulto primero.

Este libro está dedicado a ayudarte a convertirte en el adulto regulado. El ancla constante. El centro cálido y sereno de la tormenta.

No vamos a dejar de preocuparnos por nuestros hijos. Vamos a dejar de permitir que el miedo dirija el espectáculo. Vamos a recuperar nuestra calma. Vamos a aprender a prestar nuestra estabilidad a nuestros hijos en lugar de prestarles nuestra ansiedad.

Esa transición—de reactor ansioso a regulador constante—es el mayor regalo que puedes ofrecer. Cambia todo.

## LA SOBRECARGA DEL "CICLO DE NOTICIAS DE 10 SEGUNDOS": CÓMO LA VIDA MODERNA AGOTA TU BATERÍA INTERNA (Y EL REINICIO DE 1 MINUTO)

Estamos empapados en ruido.

El ciclo de noticias solía ser una vez al día. Ahora es continuo. Es implacable. Un millón de datos golpean tu cerebro antes de tu primera taza de café.

Un titular parpadea. Una sirena suena afuera. Tu feed muestra a un perfecto extraño logrando un hito perfecto.

Tu cerebro procesa todo de la misma manera. Es estímulo. Es entrada. Es peligro.

Tu sistema nervioso está diseñado para mantenerte vivo. Cuando ve una entrada constante—aunque sea solo digital—supone que hay una amenaza acechando cerca. Mantiene el sistema de alerta en ALTA.

Estás funcionando con vigilancia crónica.

La adrenalina gotea en lugar de fluir rápidamente. El cortisol se acumula en lugar de disiparse. Te vuelves hipervigilante. Irritable. Rápido para estallar.

Este es el estado que llamamos "cansado".

Pero no es una simple fatiga. Es un agotamiento profundo y biológico. Tu batería interna siempre está buscando una carga, pero sigues enchufándola al caos.

Entonces tu hijo hace algo perfectamente normal—quizás llora, quizás se queja—y tu sistema ya sobrecargado trata ese sonido como la última alarma de peligro.

Saltas de cero a cien instantáneamente. ¿Por qué? Porque nunca estuviste en cero para empezar. Estuviste perpetuamente en sesenta.

La vigilancia crónica es el enemigo de la paciencia. No puedes mantenerte estable cuando tu paisaje interno está vibrando constantemente con un miedo invisible.

Esto se detiene ahora.

Necesitamos un reinicio radical. Un momento para soltar el peso digital y volver al mundo físico.

El Reinicio de 1 Minuto es tu interruptor de poder.

Primero, identifica la fuente digital que alimenta la locura. El teléfono.

La computadora portátil. La pantalla de televisión. Aléjate de eso. Físicamente. Ponlo en otra habitación.

En segundo lugar, activa tus sentidos. Mira a tu alrededor en la habitación en la que te encuentras. Nombra cinco cosas que ves. Lento. En voz alta o susurrando.

En tercer lugar, toma un profundo suspiro audible. No inhales. Exhala. Deja que el sonido lleve la tensión lejos.

Acabas de enviar una señal a tu nervio vago: Estoy a salvo. La amenaza no está aquí.

Un minuto. Eso es todo el tiempo necesario para romper el ciclo de alerta alta y reclamar el momento presente. Haz esto con frecuencia. Interrumpe la alimentación constante. Dale a tu sistema un verdadero momento de descanso. Recarga la batería antes de la próxima interacción.

Tu paz es la estabilidad de tus hijos. Protégela con ferocidad.

## ADVERTENCIA: EL CICLO DE CULPA Y VERGÜENZA QUE TE MANTIENE ATASCADO (Y LOS 3 PASOS PARA TU PERMISO EMOCIONAL)

Conoces la sensación.

Es el residuo silencioso y tóxico que queda después de un momento de fracaso parental. Quizás gritaste por la leche derramada. Quizás diste el tratamiento del silencio cuando se resistieron a la hora de dormir. El incidente terminó, pero el eco permanece. Esa profunda convicción visceral: Les estoy fallando.

Este no es un arrepentimiento útil. Este es el ciclo de culpa y vergüenza.

La culpa dice: "Hice algo mal". La culpa es útil. Te guía hacia la reparación. La vergüenza dice: "Soy malo". La vergüenza es paralizante. Es altamente desreguladora, y cuando estás inundado de vergüenza, tu sistema nervioso cierra la puerta. No puedes conectar, no puedes reparar, y definitivamente no puedes regular a tu hijo cuando estás congelado en el juicio propio.

Tratamos esta vergüenza como motivación. Pensamos que si nos castigamos lo suficiente, lo haremos mejor la próxima vez. No lo haremos. La vergüenza solo te enseña una cosa: a esconderte.

Lo más compasivo y poderoso que puedes hacer por tus hijos es liberarte de este ciclo. Debes otorgarte un permiso emocional para ser imperfecto.

Aquí están los tres pasos para romper ese permiso:

1. El Momento del Testigo: Nombra la Emoción Sin Juicio.

Deja de intentar razonar tu manera de salir del sentimiento. Simplemente nombra la sensación. Cuando esa sensación caliente y punzante de fracaso surja, no intentes inmediatamente arreglar la situación o a ti mismo. Simplemente observa: Ah. Esto es vergüenza. Me siento tenso en el pecho. Escucho ese viejo guion funcionando. Al nombrarlo, creas un espacio entre tú y la emoción. Te conviertes en el testigo, no en la víctima. Esta acción de 10 segundos detiene la espiral inmediata.

2. Reconoce el Desencadenante Biológico.

Recuerda que tu reacción—los gritos, los estallidos, el retiro—no fue un fallo moral. Fue una respuesta del sistema nervioso. Fue el antiguo cableado de tu cerebro percibiendo una amenaza (el caos, la desobediencia, la fatiga) y llevándote a un estado defensivo. Di esto a ti mismo: Mi reacción se basó en agotamiento, no en malicia. Mi cerebro adulto fue secuestrado. Mi sistema se sobrecargó. Esto despersonaliza la culpa y permite que tu cerebro superior vuelva a funcionar. Perdonas al sistema para que el yo pueda sanar.

3. Priorizando la Autocompasión Radical y la Reparación Inmediata.

Tu mayor deber después de un error no es la auto-flagelación; es la reparación. No puedes reparar con tu hijo hasta que reparas contigo mismo. Date la amabilidad que ofrecerías a un mejor amigo en la misma situación.

Usa el permiso emocional: Me doy permiso para ser un ser humano, lo que significa que cometeré errores. Acepto esto como parte de mi humanidad, y ahora dirigiré mi enfoque hacia afuera. Esto no se trata de ignorar el incidente. Se trata de no desperdiciar energía valiosa de regulación en una vergüenza punitiva y sin sentido. Toma una profunda respiración, encuentra tus pies en el suelo y, de inmediato, gira hacia tu hijo para restablecer la conexión. Esta es la única salida del ciclo.

## EL ÚNICO PRERREQUISITO BIOLÓGICO QUE TU HIJO NECESITA MÁS QUE LA DISCIPLINA (SUGERENCIA: NO ES AMOR)

Hablamos constantemente del amor. Creemos que el amor es la respuesta a todo. Es esencial, sí. Pero biológicamente, el amor no es suficiente.

El único prerrequisito no negociable que tu hijo necesita es un sentido de seguridad permeante y palpable.

El sistema nervioso de tu hijo es el sistema de seguridad más antiguo y sofisticado jamás ideado. Su única función incesante es la supervivencia. Está constantemente escaneando el entorno—el sonido de tu voz, la tensión en tus hombros, la velocidad de tus movimientos—para responder una pregunta crítica: ¿Estoy a salvo aquí?

Si la respuesta es cualquier cosa menos que un rotundo Sí, el sistema anula todas las demás funciones.

No le importa la conformidad. No le importan los quehaceres. No le importa que acaban de lanzar su sándwich por la habitación.

Si el sistema nervioso registra peligro—y recuerda, la frustración o el grito parental se registran como una profunda amenaza social—la parte sofisticada del cerebro que maneja la cooperación, la planificación y la regulación emocional se desconecta al instante.

No puedes disciplinar o enseñar con éxito a un niño que está operando desde un estado de defensa biológica. Estás hablando a un mecanismo de supervivencia. No te escuchará.

Esta es la distinción clave que perdemos: La disciplina y la comunicación efectiva solo se hacen posibles una vez que el sistema nervioso del niño está regulado.

La regulación viene primero. La seguridad es la base. Todo lo demás se construye sobre esa quietud interna y tranquila. Nuestro trabajo, por lo tanto, comienza creando esa seguridad, comenzando por el lugar más seguro de todos: la calma propia del padre.

## EL PROTOCOLO SILENCIOSO QUE DETIENE INSTANTÁNEAMENTE LOS ATAQUES DE PÁNICO CUANDO TU NIÑO EXPLOTA

TU HIJO ESTÁ TENIENDO UNA CRISIS. EL VOLUMEN ES ENSORDECEDOR. El aire se siente eléctrico y cargado.

Tu primer instinto biológico es el pánico. Grita: ¡Interviene! ¡Arregla esto! ¡Haz que el ruido pare! Tu sistema nervioso simpático te grita que reacciones. Tu pecho se aprieta. Sientes la familiar e inquietante presión del fracaso.

Este es el momento en el que ejecutas el Protocolo Silencioso.

Es simple. Es radical. Es la herramienta más efectiva que aprenderás.

El protocolo es este: Cuando estalla el caos, tu primera responsabilidad no es el comportamiento de tu hijo. Es hacia tu propio cuerpo.

Tienes permiso explícito, ahora mismo, para detener la acción y regularte. Antes de que digas una palabra. Antes de que te acerques a ellos. Antes de que intentes calmar, corregir o distraer.

Te está permitido hacer una pausa. Estás obligado a hacer una pausa.

Debes convertirte en el contenedor seguro antes de poder poner los contenidos dentro. Un adulto regulado es el recurso más grande posible para un niño desregulado. Si tú estás alterado, ellos solo se alterarán más. Si estás en pánico, tú estás co-panicando.

Deja de intentar sostener la casa mientras estás sobre gelatina.

El Protocolo Silencioso es el momento en que internamente declaras: Estoy priorizando mi propia respiración constante. Estoy poniendo mis pies firmemente en el suelo. Estoy dejando caer mis hombros. Estoy permitiendo que el pánico pase a través de mí antes de abrir la boca.

No es egoísta. Es la crianza esencial.

Te otorga la distancia necesaria para observar la situación en lugar de ahogarte en la emoción. Te da el poder de elegir la conexión sobre el control.

Toma una profunda respiración. Suéltala. No tienes que arreglarlos instantáneamente. Solo tienes que estabilizarte primero. Esta es la salida del ciclo de ansiedad. Este es tu alivio.

# CHAPTER TWO

## EL DIAGRAMA DE CONEXIONES OCULTAS: DECODIFICANDO LA REACCIÓN DE TU PROPIO CEREBRO ANTES DE HABLAR CON TU HIJO

La parte más difícil de querer ser un padre calmado es lo rápido que pierdes esa habilidad en el momento en que surge un desafío.

Lees los libros. Meditas. Te prometes a ti mismo que usarás tu voz suave.

Entonces se derrama el jugo. La pelea entre hermanos se intensifica. Tu adolescente te lanza esa mirada silenciosa y despectiva.

Y de repente, Contesta una persona diferente. Esta persona grita. Esta persona cierra una puerta de golpe. Esta persona se retira en completo silencio, ignorando el caos por completo.

¿Quién es esa persona?

No es la persona que quieres ser. Es la persona programada para la supervivencia.

Hasta ahora, probablemente has visto esa reacción como un defecto de carácter, un fracaso de fuerza de voluntad. Tendemos a moralizar nuestras respuestas fisiológicas: "Debería ser más paciente." "Soy un mal padre porque grité."

Necesitamos cambiar el guion. Tu reacción no es un fallo moral. Es un imperativo biológico funcionando con software anticuado.

Tu cuerpo no está hecho para las sutilezas de la crianza respetuosa moderna. Está hecho para evitar tigres de dientes de sable.

Debemos entender este hecho biológico si alguna vez queremos un cambio duradero. Debemos aprender el idioma de nuestro propio sistema nervioso.

La neurociencia llama a esta comprensión crucial Teoría Polivagal (TPV). No necesitas un doctorado para dominarla. Solo necesitas entender tres estados de seguridad fundamentales que rigen cada interacción que tienes con tu hijo.

Pensa en tu sistema nervioso como el guardia de seguridad invisible y constante de tu cuerpo. Este guardia está siempre escaneando el entorno, decidiendo una cosa: ¿Estoy lo suficientemente seguro como para conectar, o necesito defenderme?

Cuando tu hijo está desafiante o molesto, tu guardia de seguridad interno no ve a un niño pequeño luchando con grandes emociones. Ve una amenaza a la estabilidad de la tribu. Ve peligro. Y despliega uno de sus tres protocolos de emergencia.

Si no lees el diagrama oculto de cableado de tu propio cerebro, siempre serás reactivo. Siempre estarás impulsado por el miedo, no por la intención.

Este capítulo es tu clave. Revela el mapa de tu vida interior. Cuando sabes dónde estás en el mapa—desde qué estado estás operando—puedes elegir tu destino. Puedes elegir la calma.

El objetivo es simple: Antes de hablar con tu hijo, primero debes leer tu propio estado fisiológico. Debes regular al adulto. Porque un padre desencadenado no puede posiblemente calmar a un niño desencadenado.

Encendamos las luces y miremos el cableado.

# REVELADO: EL "FRENO" QUE SE ESCONDE EN TU PECHO QUE DETIENE LOS COLAPSOS PARENTALES EN SECO.

Conoces la sensación. El calor subiendo por tu cuello. El nudo apretado en tu estómago. Ese es tu sistema pisando el acelerador. Tu respuesta al estrés está activándose. Te sientes fuera de control.

¿Y si te dijera que hay un freno confiable? Está incorporado en tu cuerpo. Siempre está allí.

Se llama el nervio vago. (Se pronuncia Vay-gus).

Es el nervio más largo del cuerpo humano. Piénsalo como una enorme carretera bidireccional. Comienza en el tronco del encéfalo. Desciende a través de tu garganta y pecho. Se conecta a tu corazón, pulmones y intestinos.

Este nervio es tu regulador maestro. Es el mecanismo básico del Sistema Nervioso Parasimático. Ese es el sistema responsable de "reposar y digerir".

El nervio vago está constantemente tomando lecturas. Evalúa la seguridad de tu entorno. ¿La habitación está tranquila? ¿El nivel de ruido es aceptable? ¿La cara de la persona que me mira es amigable?

Si el nervio vago detecta seguridad, envía la señal de calma. Le dice a tu corazón que se desacelere. Le dice a tu respiración que se profundice. Le dice a tus músculos que se relajen.

Cuando eres disparado por un niño gritando, el nervio vago se suprime momentáneamente. Tu mecanismo de "luchar o huir" toma el control.

Nuestro trabajo como padres regulados es activar intencionalmente este freno. Debemos reactivar el nervio vago. Anulamos el pánico automático.

Cuando aprendes a estimular este nervio, creas una calma fisiológica inmediata. Detienes el colapso interno en seco. Te vuelves instantáneamente presente. Accedes a tu sabiduría.

La sabiduría no está en tu cerebro. Está en el flujo regulado entre tu cerebro y tu cuerpo. El nervio vago es el punto de conexión. Aprende a usarlo, y poseerás la herramienta definitiva para la crianza. Este es el requisito fisiológico para cada interacción exitosa.

## LAS 3 TRAMPAS FISIOLÓGICAS QUE TE CONVIERTEN EN EL PADRE QUE JURASTE QUE NUNCA SERÍAS (IDENTIFICA LA TUYA AHORA)

Debemos dejar de pensar en la reacción parental como un fracaso moral consciente. No lo es. Es biología antigua tomando el control. Cuando la olla de presión explota—cuando el niño tira la comida, cuando el adolescente pone los ojos en blanco—tu sistema nervioso elige instantáneamente una de tres estrategias defensivas.

Estas son las tres trampas fisiológicas que secuestran tu corteza prefrontal, pasan por alto tu manual de crianza respetuosa y te convierten en la persona reactiva que juraste que nunca serías.

Tu primer trabajo es simplemente identificar qué trampa es tu default.

TRAMPA 1: LA RESPUESTA DE LUCHA (El Rugido)

Esto es pura activación simpática. Tu alarma interna de seguridad ha decidido que la forma más rápida de salir de este caos es a través de dominación y control.

Cómo se manifiesta en la crianza:

Gritas. Inmediatamente.

Tu voz se vuelve aguda, alta y exigente.

Puedes sentir calor físico, un rostro sonrojado o mandíbula apretada.

Comienzas a señalar con el dedo o usar un lenguaje duro y punitivo.

Sientes una necesidad intensa de que el niño se someta inmediatamente.

Estás intentando controlar el entorno al sobrepasar la amenaza percibida (la desobediencia del niño).

Si eres un padre que lucha con un temperamento rápido o se siente intensamente enojado y exige cumplimiento inmediato, este es tu default biológico.

TRAMPA 2: LA RESPUESTA DE HUIDA (La Huida)

Esta respuesta también está impulsada por energía simpática, pero en lugar de confrontar la amenaza, el sistema busca una distancia rápida. La ansiedad abrumadora hace que el entorno se sienta tóxico.

Cómo se manifiesta en la crianza:

Te alejas físicamente, cerrando la puerta de golpe o saliendo a otra habitación con energía.

Te preocupas en exceso, convirtiéndote en el 'padre helicóptero' que constantemente planea, programa y micromanipula para evitar que sucedan cosas malas.

Evitas conflictos necesarios, cediendo demasiado fácilmente solo para restaurar la calma.

Sientes ansiedad, opresión en el pecho y pánico sobre el futuro (¿Van a fallar? ¿Es este comportamiento permanente?).

Estás tratando de escapar de la intensidad emocional del momento presente.

Si eres un padre que se siente constantemente estresado, abrumado y desea poder esconderse hasta que el niño cumpla 18 años, este es probablemente tu default biológico.

TRAMPA 3: LA RESPUESTA DE CONGELAMIENTO (El Apagón)

Esta es la trampa más incomprendida. Es un freno dorsal vago completo—una conservación total de energía. Tu sistema cree que la confrontación o la huida son imposibles, así que elige hacerse el muerto.

Cómo se manifiesta en la crianza:

Te quedas en silencio. Mirada en blanco.

Tu cuerpo se siente pesado, entumecido o paralizado. Literalmente no puedes moverte para intervenir.

Emocionalmente te desconectas durante un colapso, tal vez alcanzando tu teléfono o desintoxícandote frente al televisor mientras el caos reina a tu alrededor.

Te sientes completamente impotente y desesperanzado.

Tu voz se vuelve monótona o desaparece por completo. No tienes nada más que dar.

Si eres un padre que experimenta períodos de profundo desapego, parálisis durante los conflictos, o te retiras completamente cuando los niños se vuelven ruidosos, este es tu default biológico.

Entender tu trampa principal es el punto de inflexión. Es el momento en que dejas de culparte por "no ser paciente" y comienzas a ver tu reacción como un evento biológico predecible. Este evento puede ser gestionado.

¿Cuál es tu trampa? Nómbrala. Escríbela. Esta conciencia es tu primer paso hacia la regulación.

## CÓMO ENCONTRAR TU OASIS INTERNO: UNA TÉCNICA DE 60 SEGUNDOS PARA ENRAIZARTE DURANTE EL CAOS FAMILIAR TOTAL

Cuando la crisis estalla—un niño gritando, una mirada desafiante, un repentino aumento de ansiedad—tu sistema nervioso quiere instantáneamente encontrar una solución externa o una escapatoria externa. Pero la ruta más rápida hacia la calma generalmente no es a través del entorno; es directo de regreso a tu propio paisaje interno. Necesitamos instalar un punto de anclaje, un lugar de seguridad al que puedas acceder sin importar la tormenta exterior.

Este es un ejercicio de recurso interno de sesenta segundos.

Primero, deja de intentar solucionar el problema externo por un momento. Permítete tres respiraciones profundas e intencionales. Cierra los ojos, aunque sea solo por un parpadeo.

Ahora, en lugar de enfocarte en el ruido, quiero que dirijas tu atención hacia adentro y localices un momento, cualquier momento, en el que te hayas sentido profundamente seguro, estable y protegido. No tiene que ser un gran evento de tu vida. Puede ser la sensación de una manta cálida, una mañana tranquila antes del amanecer, o el olor de la lluvia. Accede a la memoria que signifique verdadera tranquilidad incondicional.

No te detengas en la memoria en sí. Ve más profundo.

Cuando recuerdes esa sensación de seguridad, ¿dónde habita en tu cuerpo? Esa sensación de paz siempre tiene una firma física. Concéntrate en localizarla ahora.

¿Sientes tu pecho abierto, expansivo y cálido? Esa sensación es tu ancla.

¿Sientes un peso profundo y pesado en tus caderas y pies, una sensación de estar absolutamente anclado al suelo? Esa estabilidad es tu recurso.

¿Hay un espacio suave y tranquilo detrás de tu caja torácica, un lugar donde la tensión parece disolverse? Respira en ese espacio.

Tu oasis interior es ese punto físico donde reside la calma genuina. Puede ser un calor en tu vientre, una mandíbula relajada o una sensación de amplitud alrededor de tu corazón. Esta no es una calma fabricada; esta es una seguridad recuperada.

En el momento en que golpea el caos, detendrás la reacción inmediata y le indicarás a tu mente que encuentre esa firma física. En lugar de decir: "Debo controlar a este niño", mentalmente dirás: "Debo localizar la suavidad en mi pecho".

Respira una vez, dirigiendo tu atención directamente hacia ese punto de anclaje físico durante sesenta segundos. Literalmente estás tomando prestada esa sensación de regulación de tu memoria de recursos y prestándola a tu yo activado actual. Estás creando una isla interna y portátil de seguridad que ningún berrinche externo puede traspasar. Usa esta conexión sensorial contigo mismo como la base para tu próxima interacción.

## DESCUBIERTO: LOS 5 MICRO-MOMENTOS 'INVISIBLES' QUE DEBES TEJER EN TU DÍA PARA MANTENERTE INQUEBRANTABLE

A menudo saboteamos nuestros propios intentos de regulación diseñando rutinas que requieren treinta minutos de soledad ininterrumpida. Si eres padre, sabes que esto es una fantasía.

La regulación no se trata de reformas totales. Se trata de microdosis consistentes y pequeñas de seguridad. Estos cinco micromomentos son la armadura invisible que puedes tejer en el tejido de tu día más ajetreado. Son actos simples que señalan a tu nervio vago: "Estoy seguro. Tengo tiempo."

1. El Reinicio del Sorbo Frío

Mantén un vaso de agua helada cerca. Cuando sientas un aumento de frustración—esa que hace que se te tensionen los hombros—toma un sorbo lento y deliberado del agua fría. El cambio repentino de temperatura en tu boca y garganta estimula brevemente el nervio vago. Es una sacudida interna instantánea que obliga a una pausa fisiológica. Úsalo después de colgar una llamada tensa o antes de comenzar a lavar los platos. Solo toma dos segundos. Funciona.

2. El Zumbido Auditivo

El nervio vago pasa cerca de las cuerdas vocales. La vibración de baja frecuencia es profundamente relajante. Cuando estés en una fila, esperando el microondas o sentado en el tráfico, simplemente tararea. Un "mmmmmm" profundo y bajo que sientes vibrar ligeramente en tu pecho.

No tienes que hacer ruido; puedes hacerlo con los labios cerrados. Este suave tonificación del nervio vago envía un mensaje directo de calma desde tu garganta a tu cerebro.

3. El Horizonte de 5 Segundos

La vida moderna nos mantiene enfocados en pantallas, montones de ropa y pequeños problemas inmediatos. Esto mantiene nuestro sistema nervioso hiperfocalizado y activado. Varias veces al día, mira hacia arriba. Mira lejos. Mira por una ventana o por el pasillo hasta el punto más lejano que puedas ver. Mantén esa mirada durante cinco segundos. Esto amplía tu campo visual, señalando a tu cerebro ancestral que la amenaza inmediata (la que está justo frente a ti) no es todo lo que existe. Es un cambio literal en la perspectiva.

4. El Ancla del Pie en el Suelo

Cada vez que te sientes, antes de hacer cualquier otra cosa, presiona intencionalmente ambos pies firmemente contra el suelo. Siente el terreno bajo ti. Nota la textura, la presión, la solidez. La ansiedad nos saca de nuestros cuerpos y nos lleva a nuestras mentes. La conexión a tierra nos regresa. Si estás sentado mientras lees esto, hazlo ahora. Presiona tus pies hacia abajo. Este es un ancla sensorial inmediata y estabilizadora que puedes usar 50 veces al día.

5. El Protocolo de Frotamiento de Muñeca

La presión profunda, lenta e intencional es una poderosa forma de auto-calmarse. Cuando te estés cepillando los dientes, esperando que la tetera hierva o simplemente caminando, frota lentamente el interior de una muñeca con dos dedos de la mano opuesta. Este es un toque sutil que es calmante y fácil de ocultar. Es una forma de decir: "Estoy aquí contigo," a tu propio cuerpo. Es la presencia física y calmante que a menudo le das a tu hijo, pero dirigida hacia adentro.

La clave de estos micromomentos es atarlos a acciones que ya realizas. No son una cosa más que recordar; son un cambio sutil en la forma en que habitas tu cuerpo durante los momentos que ya existen. La consistencia, incluso en intervalos de dos segundos, cambia la línea base de tu sistema nervioso.

# CHAPTER THREE

## EL ARTE DE LA PAUSA: EL MECANISMO INSTANTÁNEO DE AUTOCONTROL QUE TE LLEVA DE GRITAR A LA SABIDURÍA EN 3 SEGUNDOS

El disparador golpea.

Es rápido.

Es un destello de calor en tu pecho.

Es el agarre repentino en tu mandíbula.

Tu hijo acaba de derramar el jugo.

Gritaron "No" una vez demasiado.

El sistema nervioso no espera permiso.

Reacciona instantáneamente.

Hace que tu pie pise el acelerador.

Estás en movimiento antes de que tu cerebro consciente pueda formar un pensamiento completo.

Este es el secuestro.

Este es el defecto biológico.

Deseas desesperadamente detener esa trayectoria.

Deseas interrumpir el grito.

Deseas elegir la paciencia en lugar del pánico.

Pero el cambio es demasiado rápido.

El impulso es demasiado grande.

Necesitamos un freno de emergencia.

Necesitamos un mecanismo de autocontrol tan simple, tan instantáneo, que pueda anular la biología del pánico.

Este es el arte de la pausa.

No es silencio.

No es inacción.

Es un cambio en la atención interna.

Es el espacio microscópico entre el disparador (el jugo derramado) y tu acción (la explosión verbal).

Este espacio es donde vive la libertad.

Vamos a aprender cómo reclamar esos tres segundos.

Tres segundos de quietud intencional.

Tres segundos para pasar de una reacción programada a una elección consciente.

Tu regulación no es un lujo.

Es la herramienta.

Es el requisito previo para toda la sabiduría que sigue.

¿Listo para detener la prisa?

La sabiduría está esperando al otro lado de la pausa.

## EL PROTOCOLO DE 3 SEGUNDOS: CÓMO SECUESTRAR EL SISTEMA DE DISPARADORES EMOCIONALES DE TU CEREBRO ANTES DE QUE ERUPTA EL CAOS

Conoces el instante. Ese destello familiar y aterrador que ocurre cuando tu hijo pasa de ser ligeramente molesto a un desplome total.

Ocurre rápido.

La desobediencia de un niño—un empujón repentino, una palabra cruel, una mirada desafiante—es un disparador biológico perfecto. Tu propio sistema nervioso lo interpreta instantáneamente como una amenaza a tu seguridad, tu autoridad o tu control.

En una fracción de segundo, tu cerebro emocional ya ha enviado la señal: ¡Lucha!

Antes de que puedas siquiera formar conscientemente un pensamiento racional, ya estás en movimiento. Te inclinas hacia adelante. Tu voz ya está más aguda y tensa. Estás a punto de convertirte en el padre que prometiste que no serías.

Necesitamos una cuña. Necesitamos un interruptor de circuito.

Este es el propósito del Protocolo de 3 Segundos. Es un alto biológico obligatorio. No respondes al niño hasta haber completado esta secuencia de tres pasos.

Tu primera respuesta siempre debe ser la auto-regulación. No respuesta.

Si te saltas esto, estás operando por instinto primitivo. Si lo usas, operas desde la sabiduría.

Segundo 1: Coloca Tus Pies.

La primera respuesta física a la activación es sentirte suelto, flotante y listo para huir o luchar. Debes contrarrestar esto de inmediato. Detente. Donde sea que estés, congélate. Si estás de pie, planta ambos pies firmemente en el suelo. Mueve tus dedos de los pies dentro de los zapatos. Siente el peso de tu cuerpo anclándose hacia abajo.

Este simple acto físico le dice a su sistema nervioso: Estoy aterrizado. Estoy apoyado. No estoy huyendo. Interrumpe el circuito de activación física.

Segundo 2: La Exhalación Completa.

Cuando estamos estresados, nuestra respiración se vuelve corta, superficial y alta en el pecho. Esto señala peligro. Vas a anular esta señal de inmediato con una exhalación intencionada, lenta y completa.

No necesitas tomar una gran inhalación primero. Solo empuja el aire hacia afuera. Sisea si es necesario. Deja que tus hombros caigan. Deja que tu abdomen se ablande.

Una exhalación lenta estimula directamente el nervio vago, del que hablamos antes. Es la forma más rápida y simple de señalar al centro de seguridad de tu cerebro: La amenaza es mínima. Puedo relajarme. Este es tu pedal de freno en acción. Úsalo.

Segundo 3: Nómbralo.

Después de haber anclado tu cuerpo y liberado el aire, has creado un pequeño espacio. En este espacio, realizas una tarea cognitiva crucial: Nombra el sentimiento que estás experimentando en este momento.

Hazlo en silencio.

Siento una intensa frustración.

Siento que no se me respeta.

Siento pánico porque no sé qué hacer.

Al nombrar la emoción, activas la corteza prefrontal: la parte pensante, racional y sabia de tu cerebro. Mueves el sentimiento de una reacción hirviente y amorfa a un objeto identificable y manejable. Ya no eres la ira; estás observando la ira.

Solo una vez que hayas completado los tres segundos: pies plantados, respiración liberada, sentimiento nombrado, se te permite abrir la boca y responder a tu hijo.

Tres segundos es todo lo que se necesita para secuestrar el sistema de disparadores emocionales. Es la inversión más corta y poderosa que harás en tu paz. Practícalo cada vez que aumente la tensión. Se volverá automático. Cambiarás tu hábito de reacción a intención.

# EL ARMA SECRETA DE LOS COMUNICADORES DE ÉLITE: CÓMO NOMBRAR SIMPLEMENTE TU IRA DIFUNDE EL 80% DE SU PODER

La habilidad de comunicación más profunda que puedes dominar no se trata de las palabras que le dices a tu hijo. Se trata de las palabras que te dices a ti mismo en el micro-momento antes de abrir la boca.

Conoces la sensación. El disparador ocurre. Quizás rompen la tercera cosa esta mañana. Quizás te gritan en público. La tensión aumenta. Sientes la rigidez en tu pecho. El aumento de adrenalina. Este es tu sistema nervioso preparándose para la batalla. Es un pánico primitivo y sin palabras.

Si reaccionas desde ese torbellino sin palabras y no nombrado, gritarás. Te enojarás. Te retirarás. Lo lamentarás instantáneamente.

¿Pero qué pasaría si pudieras instalar un atenuador lingüístico en ese momento crítico?

Aquí es donde la alfabetización emocional se convierte en tu arma secreta. Antes de dirigirte al niño, te diriges al sentimiento. En silencio. Internamente. Etiquetas el estado.

¿Sientes ira? A menudo, lo que llamamos "ira" es una máscara protectora para algo mucho más vulnerable. La ira es ruidosa; el miedo es silencioso. La ira es acción; la vergüenza está congelada.

Pregúntate: "¿Cuál es la verdad de este sentimiento en este momento?"

En el momento en que puedes sostener ese caos caliente y eléctrico y asignarle una etiqueta clara y concisa, realizas un milagro cognitivo. Mueves la actividad en tu cerebro desde el centro emocional volátil y reactivo (la amígdala) hacia el centro de control racional y ejecutivo (la corteza prefrontal).

En lugar de pensar "Estoy TAN enojado con este niño," el diálogo interno cambia a: "Estoy sintiendo una intensa frustración porque se ignoraron mis límites." O incluso mejor: "Siento una profunda decepción en este momento." "Siento un profundo miedo de que estoy fallando como padre."

Prueba esto la próxima vez que comience a aumentar la tensión. Solo detente. Toma esa pausa de 3 segundos de la que hablamos antes y nombra el sentimiento.

¿Por qué nombrarlo difunde el 80% de su poder?

Porque la función primaria del sistema emocional es llamar tu atención y mantenerte seguro. Una vez que has reconocido la emoción—la has visto, la has nombrado, has entendido su papel informativo—ya no necesita gritar. Su volumen se reduce automáticamente.

¿Qué pasa si te das cuenta de que en realidad no estás enojado, sino aterrorizado por lo que otros pensarán de tu crianza? ¿No suaviza esa verdad de inmediato tu mirada hacia el niño?

¿Qué pasaría si el sentimiento que aumenta no es rabia, sino agotamiento absoluto y profundo? Cuando lo etiquetas como "agotamiento," te das cuenta de que esto es una necesidad de descanso, no de castigo. Tu respuesta cambia por completo.

Nombrar la emoción para ti mismo no es debilidad; es una fuerza estratégica suprema. Los comunicadores de élite no suprimen sus sentimientos. Los observan. Los categorizan. Luego, y solo luego, deciden qué información es útil y cuál es solo ruido histórico.

Si no lo nombras, te posee. Si lo nombras, lo posees. ¿Qué padre quieres ser? ¿El que es llevado por un impulso histórico y sin nombre, o el que observa con calma los datos del momento? Comienza a practicar tu diagnóstico interno ahora. La claridad que encuentres allí definirá la paz de tu hogar.

# EL EJERCICIO DEL 'FRENO DE EMERGENCIA': 7 TRUCOS SENSORIALES PARA SALIR INMEDIATAMENTE DEL MODO PÁNICO (INCLUSO CUANDO ESTÁN GRITANDO)

El caos está alcanzando su punto máximo. El sonido es algo físico ahora. Golpea los tímpanos. Activa ese antiguo sistema de alarma en tu cerebro. Sientes la tensión aumentar en tu pecho. Ese es el sistema nervioso simpático tomando el control. La respuesta de lucha o huida está lista para desplegarse.

Tenemos que frenar.

No podemos razonar sobre este momento. La lógica salió del edificio hace cinco minutos. Debemos usar un atajo físico directo para interrumpir la señal de alarma. Usamos la entrada sensorial. Eso obliga a tu cerebro a reconocer la realidad del momento presente, en lugar del peligro percibido del pasado o del futuro.

Este es el Ejercicio del 'Freno de Emergencia'. Despliega uno o más de estos al instante:

1. La Inmersión Fría de Muñeca. Encuentra la fuente de agua fría más cercana. Un lavabo. Una botella de agua. Deja correr agua fría sobre tus muñecas y la parte posterior de tu cuello durante tres segundos. Esto es un choque biológico. Señala instantáneamente a tu nervio vago que la temperatura interna necesita ajustes, interrumpiendo la señal de pánico.

2. El Ancla de Textura. Alcánzalo y toca algo áspero o fresco. La veta de la puerta de madera. El metal frío de una perilla de puerta. La textura dura e irregular de la alfombra. Enfoca completamente tu atención en cómo se siente esa textura bajo tus dedos.

3. El Pie Pesado. Presiona ambos pies firmemente contra el suelo. Imagina que estás tratando de empujar el suelo hacia abajo en el sótano.

Siente el contacto de tu talón. Siente el contacto de tus dedos. Esta entrada propioceptiva profunda te conecta con la gravedad y la estabilidad.

4. La Interrupción Ácida. Mantén un objeto sensorial fuerte cerca. Un chicle. Un pequeño caramelo. Un gotero de aceite esencial potente (menta, cítricos) bajo tu nariz. El sabor o aroma intenso le da a tu cerebro un nuevo problema inmediato que resolver. Cambia el enfoque de los gritos.

5. El Zumbido Bajo. Cuando el niño está gritando a alta frecuencia, empareja eso con baja frecuencia. Coloca una mano en tu abdomen o pecho y hum o gime profundamente. No hables. La vibración creada al tararear activa la vía vagal ventral, la rama calmante del sistema nervioso.

6. El Punto de Color. Mira alejado de tu hijo durante tres segundos. Escanea la habitación inmediata y localiza tres objetos específicos del mismo color. Un libro azul, una franja azul en una camisa, la luz azul en el enrutador. Esto obliga a la corteza visual a involucrarse en una tarea no amenazante.

7. La Sentadilla Rápida. Si tienes espacio, baja rápidamente a una sentadilla o a una flexión de rodilla y vuelve a levantarte. Si estás sentado, haz unos rápidos movimientos de hombros. Pequeños movimientos musculares vigorosos queman la oleada inmediata de adrenalina sin requerir que huyas de la escena.

Estos siete pasos no están destinados a resolver el problema. Solo están destinados a resolver tu colapso interno. Úsalos. Luego, y solo luego, podrás volver a conectarte con tu hijo desde un lugar regulado. Tu calma interna es su mejor maestro.

# CÓMO ELIMINAR PERMANENTEMENTE LAS VIEJAS GRABACIONES QUE HACEN QUE LA DESOBEDIENCIA DE TUS HIJOS SE SIENTA COMO UN ATAQUE PERSONAL

Esa mirada de desprecio se siente diferente. Corta profundo.

Un simple acto de desafío—un pie golpeado, un brazo cruzado, un murmurante "te odio"—se siente menos como un mal comportamiento y más como si miraran dentro de tu alma y emitieran un veredicto devastador.

Este es el desencadenante más antiguo del libro. Desafío. Falta de respeto. Es el botón de activación instantánea para la rabia parental o la retirada emocional inmediata.

¿Por qué?

Porque casi nunca se trata de los calcetines que no quieren ponerse.

Se trata de las Viejas Grabaciones.

Tu sistema nervioso no está reaccionando ante un niño de siete años que está abrumado por la hora de dormir. Está reaccionando ante el fantasma de un padre exigente, un jefe crítico o una pareja avergonzadora de tu pasado.

El comportamiento del niño es la clave que inicia la grabación. Y la Vieja Grabación comienza a susurrar sus amenazas: Estás perdiendo el control. Eres débil. Eres un fracaso. Si les dejas desafiarte ahora, nunca te respetarán después.

Debemos detener estas grabaciones en seco. Esto requiere desacoplar la acción del niño de tu herida emocional histórica.

El proceso de eliminación implica tres cambios cruciales en la conciencia:

Cambio Uno: Nombra el Fantasma, No al Niño

Cuando sientas ese pico familiar de ira intensa y desproporcionada—el tipo que hace que tu pecho se sienta apretado y tu voz suene ajena—detente. No hables aún.

Pregúntate: "¿Para quién es realmente esta furia?"

¿Es para el agotado niño de dos años frente a ti? ¿O es para el recuerdo de ti mismo, cerrado y desestimado como un niño? ¿Es el miedo de que tu hijo salga malcriado, o es el miedo de que te vean como incompetente por los demás?

Identifica la narrativa específica que la Vieja Grabación está reproduciendo: "Me están aprovechando." "No soy lo suficientemente bueno." "No tengo poder."

Hasta que no nombres el fantasma del pasado, no puedes abordar efectivamente al niño en el presente.

Cambio Dos: Verificación de la Realidad del Nivel de Amenaza

Una vez que hayas identificado la herida emocional, aíslala. Pon una pared mental entre ese dolor histórico y la situación actual.

Ahora, mira a tu hijo. Pregúntate: "¿Este niño de ocho años está amenazando fundamentalmente mi seguridad o supervivencia en este momento?"

La respuesta es casi siempre un rotundo no.

Están probando un límite. Están expresando una necesidad torpemente. Su tarea, en desarrollo, es probar y estirarse. No están tratando de destruirte; están tratando de descubrir dónde está el borde del mundo.

La falta de respeto es a menudo angustia. El desafío es a menudo la única herramienta que tienen para comunicar su abrumamiento.

Al verificar la realidad de la amenaza, rebajas la situación de una emergencia de cinco alarmas (volumen de Vieja Grabación) a una dificultad menor y manejable (volumen de Vida Real).

Cambio Tres: Instala la Nueva Banda Sonora

Sustituimos la antigua narrativa reactiva por una nueva, regulada y consciente verdad. Este es tu mantra parental personal durante momentos de alto desencadenamiento.

Cuando la ira se encienda y la Vieja Grabación comience, recita activamente tu Nueva Banda Sonora.

Ejemplos:

Vieja Grabación: "Me están desafiando."

Nueva Banda Sonora: "Este es un niño practicando autonomía. Su resistencia no es una medida de mi valor."

Vieja Grabación: "Van a pasar sobre mí."

Nueva Banda Sonora: "Soy lo suficientemente fuerte para mantener este límite con suavidad. No necesito gritar para ser poderoso."

Vieja Grabación: "Soy un mal padre porque están actuando de esta manera."

Nueva Banda Sonora: "Soy un padre seguro, aprendiendo a responder, no a reaccionar. Su comportamiento es comunicación, no condena."

Este cambio no es un evento único; es una elección momento a momento. Cada vez que eliges conscientemente la Nueva Banda Sonora sobre la Vieja Grabación, debilitas la conexión histórica. Estás despojando al fantasma de su poder.

Estás entrenando a tu sistema nervioso para entender: La amenaza del pasado ha terminado. El niño frente a mí está a salvo. Y yo también estoy a salvo. El desafío puede continuar, pero el sentimiento de ataque personal disminuirá, reemplazado por una autoridad tranquila y constante.

# CHAPTER FOUR

—★-★-★—

## HABLAR EN PAZ: EL ESTILO DE COMUNICACIÓN SILENCIOSA QUE DETIENE LAS LUCHAS DE PODER ANTES DE QUE COMIENCEN (Y LO QUE NUNCA DEBES DECIR)

HEMOS CONSTRUIDO EL ANCLA. HEMOS ENCONTRADO LA PAUSA. Ahora, debemos hablar desde ese lugar anclado.

El mayor error que cometen los padres regulados es aplicar viejos guiones de comunicación desregulados mientras su cuerpo está tranquilo. Presionan el freno interno y luego inmediatamente lanzan una conferencia de veinte minutos diseñada para infligir vergüenza o control.

Esto derrota todo el propósito.

La comunicación no se trata de las palabras que usas. Se trata de la frecuencia que transmites. Cuando tu sistema nervioso está estable, tu voz baja. Tu ritmo se desacelera. Tu lenguaje corporal se suaviza. Esta transmisión tranquila—hablar en paz—es el elemento crítico que detiene las luchas de poder antes de que puedan ganar tracción.

Cuando un niño está alterado, su neocortex (la parte pensante y planificadora del cerebro) está fuera de servicio. Están funcionando desde las partes reactivas y antiguas del cerebro. No pueden procesar la lógica. No pueden entender las consecuencias futuras. Solo pueden detectar una cosa: seguridad o amenaza.

Si igualas su volumen, igualas su frustración o intentas razonarles fuera de sus sentimientos, estás transmitiendo una amenaza. Estás diciendo esencialmente: "La persona que se supone que debe mantenerme a salvo ahora está perdiendo el control." Esto intensifica instantáneamente su estado defensivo, garantizando el desafío.

Hablar en paz significa ajustar tu output para maximizar su recepción de seguridad.

La técnica de comunicación más poderosa disponible para ti es la regulación de tu propio tono vocal. Una voz baja, lenta y melódica es el sonido de la seguridad. Le dice al nervio vago del niño: Te escucho. Veo tu malestar. Pero yo no estoy molesto. Yo tengo esto.

Rehúsa igualar su intensidad. Si gritan, susurra. Si se aceleran, desacelera. Cuando haces esto, no los estás manipulando; les estás prestando tu calma. Estás regulando el entorno para que su sistema tenga la oportunidad de asentarse.

Lo Que NUNCA Debes Decir

Si hay una categoría de lenguaje que sabotea la conexión de inmediato, es el lenguaje que les obliga a defender sus sentimientos o su lógica. Evita estas dos trampas comunes, especialmente durante momentos de escalada:

1. Cualquier cosa que comience con "¿Por qué...?": "¿Por qué golpeaste a tu hermana?" "¿Por qué no puedes escuchar?" Las preguntas de por qué son demandas intelectuales en un momento emocional. Se sienten como un interrogatorio. El niño no sabe el "por qué." Solo conocen el sentimiento que impulsó la acción. Pedirles que justifiquen una reacción defensiva solo agrava su vergüenza y frustración.

2. Cualquier frase que minimice la angustia: "No es gran cosa." "Deja de llorar por nada." "Estás bien." Minimizar su realidad comunica una profunda desconexión. Les enseña que su experiencia interna está mal o es inconveniente. Esta es la ruta más segura hacia la rebelión y la supresión emocional.

En su lugar, comienza con reconocimiento y aceptación. Enfócate en la conexión antes de intentar corregir. Esta es la diferencia entre un niño obediente y un niño conectado y cooperativo.

La corrección sin conexión garantiza resistencia.

El niño necesita sentirse visto y escuchado antes de que pueda aceptar un límite o una consecuencia. Piensa en la conexión como el lubricante necesario para la obediencia. Debes llenar su taza emocional antes de que puedas pedirles que hagan cosas difíciles, como detener una actividad que aman o aceptar una decepción.

Esto requiere un cambio radical en el ritmo.

Cuando tu hijo está angustiado, el protocolo es sencillo:

1. La Pausa (trabajo del Capítulo 3).

2. Proximidad Física (Acércate, baja la altura).

3. Nombra el Sentimiento, No el Comportamiento: "Vaya, es tan frustrante cuando la torre de bloques se cae." "Parece que estás realmente enojado ahora mismo." "Estás decepcionado porque tenemos que irnos del parque."

Observa que estamos validando primero el sentimiento. No estamos validando el comportamiento. Simplemente estamos diciendo: Tu mundo interior tiene sentido, incluso si tus acciones externas necesitan límites.

Una vez que el sentimiento es nombrado y aceptado, se abre una pequeña ventana de oportunidad. Solo entonces puedes establecer el límite o guiar el comportamiento: "Estás enojado porque se cayó la torre. Y la regla es que usamos manos suaves. ¿Puedes golpear tus pies en lugar de lanzar los bloques?"

Este estilo de comunicación separa al niño del problema. El niño es bueno; el comportamiento es la señal de angustia.

El poder supremo en la comunicación pacífica surge cuando nosotros, los adultos, somos honestos sobre nuestro propio estado interno sin trasladar la responsabilidad de ese estado al niño.

Utilizamos declaraciones "Yo siento" no como una herramienta pasivoagresiva para manipular el comportamiento, sino como una declaración pura de nuestra realidad interna, que luego informa el límite que debemos establecer. La Fórmula de Precisión se ve así:

Yo siento [emoción específica, no un juicio] cuando [observación de la situación sin culpas] porque [mi necesidad específica y primaria no está siendo satisfecha]. Por lo tanto, [este es el límite claro que estoy estableciendo].

Ejemplo de fracaso: "Siento que estás siendo un mal oyente cuando me ignoras, y necesitas dejar de hacer eso ahora mismo." (Culpa, usa juicio).

Ejemplo de Hablar en Paz: "Me siento estresado y apresurado cuando te veo seguir jugando con tus zapatos cinco minutos después de que te pedí que te los pusieras, porque necesito sentir que podemos salir de casa a tiempo. Voy a sostener los zapatos por ti ahora, y lo intentaremos de nuevo mañana."

Esta fórmula mantiene el enfoque en tu capacidad como adulto y en tus necesidades. Es clara. Es empática hacia tus propios límites. Y, lo más importante, ofrece un límite sin inyectar una gota de culpa en el niño. El límite es un acto de autocuidado, no un acto de castigo.

Este enfoque requiere que seamos humildes. Somos humanos y no somos perfectos. Estaremos desregulados. Gritaremos. Nos enojaremos. Diremos lo incorrecto.

El protocolo posterior a un colapso emocional—la reparación—es a menudo más crítico para la inteligencia emocional a largo plazo del niño que el error original. Cuando modelas una reparación saludable, enseñas a tu hijo la lección más valiosa de todas: cómo recuperarse de un fracaso emocional.

Si gritas, tu única tarea es volver a la regulación y luego regresar al niño. Encuéntralos. Baja tu voz. Establece contacto visual.

"Hola, quiero volver a lo que sucedió hace unos minutos. Grité cuando te hablé, y lo siento. Eso fue demasiado fuerte y demasiado rápido. Me frustré cuando vi el desorden, y dejé que mis sentimientos tomaran el control. Eso no fue tu culpa. Estoy trabajando en mantener mi voz tranquila. ¿Podemos darnos un abrazo?"

Cuando admites que te equivocaste, no estás debilitando tu autoridad. Estás fortaleciendo tu conexión. Les estás enseñando que es posible cometer un error, aceptarlo, reparar la relación y avanzar. Estás instalando la herramienta de regulación más sofisticada en su arsenal: la resiliencia.

Este es el ciclo de la paz: La autorregulación conduce a un habla pacífica, lo que permite la conexión, lo que refuerza el sentido de seguridad del niño, lo que les permite aceptar límites, lo que en última instancia trae regulación a todo el hogar.

## EL PODER CONTRARIO A LA INTUICIÓN DE SER COMPLETAMENTE SILENCIOSO CUANDO TU HIJO TE NECESITA MÁS

Tu hijo comienza a hablar. Tal vez se queje. Tal vez llore. Tal vez solo esté liberando la presión de un difícil día escolar.

Inmediatamente, surge el impulso del padre.

Solucionarlo. Resolverlo. Apresurarse a juzgar. Pensamos que cuidarse significa actuar. Creemos que amar significa tener la respuesta perfecta. Este es nuestro sistema nervioso buscando control. Quiere calmar la angustia—la suya y la angustia que el sonido causa en nosotros.

Quiero que intentes lo opuesto.

Cuando tu hijo empiece a compartir un problema, deja de moverte.

Deja de lavar los platos. Deja de desplazarte por tu teléfono. Apaga el podcast que está sonando en segundo plano.

Baja los hombros. Permite que la tensión drene de tu cuello.

No apartes la mirada. Pero, lo más importante: No digas nada.

Esta es la quietud radical.

Estamos tan acostumbrados a llenar cada espacio con ruido. Con entradas. Con consejos. El silencio se siente como un fracaso en la crianza. Se siente incómodo. Se siente como si estuvieras reteniendo.

Pero, en realidad, el silencio es el mayor regalo de la presencia.

Tu hijo no está buscando consejo en ese momento. Están buscando un eco. Están buscando un espejo. Quieren prueba de que su abrumadora experiencia interna es real y válida.

Cuando interrumpes su historia—incluso con la solución más gentil y perfecta—el mensaje que recibe su sistema nervioso es: Deja de sentirte así. Tus sentimientos incomodan al adulto.

El sentimiento va inmediatamente a esconderse. La historia se apaga. La conexión se corta.

Escuchar de verdad es un acto físico.

No se trata de esperar tu turno para hablar. Se trata de convertirte en un contenedor completamente seguro.

Adopta una postura abierta. Gira todo tu cuerpo hacia ellos. Manos relajadas. Si están sentados, siéntate también. Baja a su nivel de los ojos si están de pie.

Mira su cara, tal vez sus manos. Y respira. Respira lenta y regularmente.

Deja que sus palabras llenen todo el espacio entre ustedes. Permite que la intensidad de su sentimiento exista sin intentar neutralizarlo o solucionarlo. Deja que el silencio permanezca, rico y pleno.

Estás comunicando seguridad, no a través de palabras, sino a través de tu presencia anclada. Literalmente, les estás prestando tu sistema nervioso tranquilo.

No te muevas hasta que hayan completado su pensamiento. No asientas con furia. No hagas ni siquiera demasiados sonidos reflexivos. Solo quietud.

Espera la pausa. Espera hasta que realmente dejen de hablar y te miren.

Ese silencio es la señal de que el sentimiento ha sido testificado. La historia está completa. La tensión se ha disipado.

Solo entonces, quizás, puedes preguntar suavemente: "¿Quieres que te escuche más, o quieres ayuda para resolver esto?"

Pero a menudo, para cuando terminan de hablar, lo peor de la crisis ya ha pasado. No necesitan una solución.

Necesitaban ser escuchados.

El silencio es la forma más profunda de respeto.

## ADVERTENCIA: POR QUÉ CORREGIR EL COMPORTAMIENTO ANTES DE CONECTAR CON EL SENTIMIENTO GARANTIZA UN ADOLESCENTE REBELDE

Estamos cableados para la eficiencia. Vemos un problema. Queremos resolverlo.

Tu hijo está gritando porque no quiere ponerse los zapatos. Ves el comportamiento: desafío. Saltas inmediatamente a la corrección. "¡Deja de gritar! ¡Póntelos ahora mismo o llegaremos tarde! Esto es inaceptable."

Es aquí donde todo el proceso de aprendizaje se derrumba.

Tu hijo no está pensando lógicamente en ese momento. No está planeando una rebelión. Están inundados. Están operando desde su estado emocional y defensivo.

Cuando te acercas a un sistema nervioso en angustia con pura lógica o consecuencia, ¿qué oyen?

Escuchan: Tus sentimientos están mal. Tu dolor es inconveniente. Tu reacción es un problema que necesito apagar.

Este mensaje es tóxico para la conexión. Les enseña a compartimentar su angustia. Les enseña a esconder su mundo interior de ti.

La corrección antes de la conexión es un error fisiológico.

El objetivo es sacar el cerebro del niño de la Zona Roja defensiva y devolverlo a la Zona Verde regulada. La única forma de volver a la Verde es a través de la sensación de seguridad. La validación es el interruptor de seguridad.

La conexión siempre debe preceder a la corrección.

La validación no es acuerdo. No tienes que estar de acuerdo en que su negativa a usar zapatos es racional. Solo tienes que reconocer el sentimiento detrás de la negativa.

La validación es reconocer la historia interna.

"Estás muy enojado en este momento. Querías elegir tus zapatos y eso te hizo enojar cuando te ayudé. Escucho lo frustrado que estás." (Conexión)

Ahora, y solo ahora, la puerta está abierta. Ahora el cerebro lógico puede recibir información.

"Sé que estás furioso. Esa frustración es real. Y la regla es que tenemos que usar zapatos para la escuela. Puedes estar frustrado y aún ponértelos." (Corrección y Seguridad).

Cuando saltas ese crucial paso de validación, obligas al niño a defender su emoción legítima. Tienen que luchar por el derecho a sentirse enojados, tristes o asustados. Deben probar que su sentimiento es real.

Cuando un niño constantemente tiene que luchar para que sus sentimientos sean reconocidos, construyen un muro protector. Ese muro se convierte en el adolescente rebelde. El que no hablará. El que te cierra la puerta en la cara.

Simplemente están protegiendo su paisaje interior del juicio. Han sido condicionados a creer que compartir su angustia solo conduce a consecuencias, no a empatía.

¿Quieres que un adolescente hable contigo sobre sus luchas? Debes sentar las bases hoy. Debes hacer que sea seguro ser desordenado. Debes validar el sentimiento incluso cuando no puedes tolerar el comportamiento.

La validación desarma la defensa. Crea confianza. Es el sonido del cerebro volviendo a activarse. Solo entonces puede aterrizar la lección.

## LA FÓRMULA DE PRECISIÓN PARA LAS DECLARACIONES 'YO SIENTO' QUE SATISFACE TUS NECESIDADES SIN INCULCAR CULPA

FRECUENTEMENTE CONFUNDIMOS EXPRESAR NUESTROS SENTIMIENTOS con expresar culpa. La mayoría de las declaraciones "Yo siento" caen en vacío porque son acusaciones disfrazadas.

"Me siento enojado cuando no me escuchas."

Esa frase, aunque aparentemente saludable, le cae a tu hijo como un puñetazo. ¿Por qué? Porque el niño escucha: "Eres responsable de mi ira. Si actuases de otra manera, no estaría molesto." Esto activa instantáneamente su sistema nervioso defensivo. Dejan de escuchar y empiezan a defenderse o, peor aún, a internalizar la culpa.

La Fórmula de Precisión elimina la culpa al centrarse solo en las acciones observables y la necesidad interna del adulto de seguridad y estructura. Es una estructura de tres partes diseñada para ser emocionalmente honesta, pero fisiológicamente no amenazante.

La Fórmula es:

1. Declara la situación observable y neutral.
2. Declara tu sentimiento interno, en su totalidad propiedad de ti.
3. Establece la acción o límite necesario para tu regulación.

Veamos cómo funciona esto en la práctica.

Si tu hijo lanza su chaqueta al suelo de la cocina por quinta vez, tu reacción interna inmediata probablemente sea ira y agotamiento.

La Declaración de Culpa (Inculcando Culpa):

"Me siento furioso cuando tratas nuestro hogar como un basurero. ¿Por qué nunca puedes recordar?"

(Impacto emocional: Vergüenza y resentimiento. El enfoque está en el fallo de carácter del niño.)

La Declaración de Precisión (Satisfaciendo Necesidades):

"Cuando veo la chaqueta dejada en el suelo cerca de la cocina, me siento muy frustrado y desorganizado. Mi cerebro necesita que nuestro espacio compartido esté ordenado para que pueda relajarme y preparar la cena. Necesito que, por favor, recojas la chaqueta ahora y la cuelgues."

(Impacto emocional: Claridad y cooperación. El enfoque está en el estado interno del padre y una solicitud de espacio regulativo mutuo.)

Nota el cambio de poder. No estás diciendo que el niño te hizo sentir frustrado. Simplemente estás reportando que en presencia de esa situación, así es como responde tu sistema. Esto le enseña a tu hijo que tus emociones son datos valiosos, pero no son responsabilidad del niño solucionarlas permanentemente.

Cuando utilizas este lenguaje preciso, estás modelando tres cosas que son infinitamente valiosas para el futuro de tu hijo:

1. Honestidad Emocional: Estás etiquetando con precisión tu estado interno, yendo más allá de la ira genérica.

2. Claridad de Límites: Estás definiendo claramente lo que es aceptable para tu propia seguridad y función.

3. Agencia Personal: Les estás enseñando que cuando sienten una emoción, pueden identificar la necesidad subyacente y pedirla directamente, en lugar de recurrir a la agresión pasiva o a demandas.

El poder secreto de esta fórmula reside en el paso final: declarar la acción necesaria para tu regulación. No les estás pidiendo que dejen de hacer algo; les estás pidiendo que comiencen a hacer algo que apoya la unidad familiar y, críticamente, apoya tu capacidad para ser un padre tranquilo. Esto es cooperación basada en la empatía, no cumplimiento basado en el miedo.

Este enfoque transforma la interacción de un ataque personal a su comportamiento en una negociación basada en el respeto mutuo y el espacio compartido. Les enseñas que los límites no son castigos; los límites son la forma en que las personas seguras se aman unas a otras.

## EL PROTOCOLO SECRETO POST-ESCALAMIENTO: CÓMO ADMITIR QUE TE EQUIVOCASTE INSTALA HERRAMIENTAS DE REGULACIÓN EN TU HIJO (LECCIÓN INVALUABLE)

Te descontrolaste.

Fue más fuerte de lo que pretendías. El tono fue más agudo. La frustración se desbordó y dijiste algo de lo que te arrepentiste al instante.

Bienvenido a ser humano.

El mito común en la crianza es que los buenos padres nunca pierden la calma. Esto es imposible. Estamos programados para reaccionar cuando estamos agotados, abrumados o desencadenados. La ruptura, el momento de desregulación, es inevitable.

La magia—la lección invaluable que solo puedes enseñar a través del fracaso—es la reparación.

Cuando pierdes el control, el sistema nervioso de tu hijo se activa en alerta máxima. Necesitan saber que la persona segura (tú) puede volverse insegura por un momento, pero que la seguridad de la relación siempre se restaura.

La reparación es la lección más importante en la regulación emocional que jamás enseñaras.

Cuando vuelves a ellos después de que se asiente el polvo, les estás enseñando cómo instalar sus propias herramientas de regulación interna. Estás modelando la autocorrección.

El Protocolo Secreto Post-Escalamiento es simple, rápido y no negociable.

Paso 1: Reconoce el Estallido.

Encuéntralos cuando estés calmado. Agáchate. Míralos a los ojos y comienza con tu responsabilidad. "Lo siento, grité." No agregues un 'pero.' No digas, "Lo siento, grité, pero tú no escucharías." Eso invalida la disculpa y cambia la culpa. Asume tu lado de la calle, completamente.

Paso 2: Nombra Tu Estado Interno.

Explica brevemente lo que ocurrió dentro de ti. "Me sentía abrumado por el ruido, y mi cerebro pasó a una reacción de pánico." O, "Estaba muy frustrado porque me sentí no escuchado." Esto es crucial. Les enseñas que los sentimientos son información, no un guion para un mal comportamiento.

Paso 3: Disculpa el Impacto.

Reconoce cómo tu acción les afectó. "Cuando grité, te hice sentir miedo. Eso no estuvo bien." Estás validando su experiencia del evento.

Paso 4: Reafirma la Seguridad y Reconéctate.

Confirma que la relación es segura, incluso después de la tormenta. "Siempre te amo, y mi trabajo es mantenerte a salvo. Mi frustración es mi problema, y estoy trabajando para mantenerme calmado." Luego, ofrece una reconexión física: un abrazo, un momento de tranquilidad o simplemente sentarse juntos.

Este proceso no se trata solo de que el niño se sienta mejor. Se trata de fortalecer activamente el tono vago del niño. Les demuestras que los sentimientos intensos no rompen el mundo. Modelas el camino de regreso a la calma, la estabilidad y la conexión.

Cada vez que inicias una reparación genuina, efectivamente estás instalando el 'botón de reinicio' en su propio sistema operativo. Les estás enseñando: El conflicto es sobrevivible. La ruptura conduce a la reparación. Y la autocorrección es la mayor forma de fortaleza.

Tu mayor fracaso se convierte en tu momento de enseñanza más profundo. Nunca omitas la reparación. Es el currículo para la resiliencia.

# CHAPTER FIVE

—★-★-★—

## DECODIFICANDO SU ANGUSTIA: POR QUÉ SU PEOR COMPORTAMIENTO ES UN MENSAJE SECRETO (Y CÓMO TRADUCIRLO INSTANTÁNEAMENTE)

Has llegado al punto crucial de este trabajo. Aquí es donde dejamos de tratar el síntoma y comenzamos a sanar la fuente.

Durante años, hemos sido condicionados a ver el comportamiento desafiante—berrinches, desobediencia, estallidos, retiro—como actos intencionales de malicia o mala disciplina. Lo llamamos "mal comportamiento." Suponemos que el niño elige dificultar nuestras vidas.

Esta suposición no solo es agotadora; es fundamentalmente errónea. Nos prepara para un conflicto continuo porque malinterpreta al mensajero.

Tu hijo no te está causando problemas. Ellos están teniendo problemas.

Sus acciones más explosivas y frustrantes no son fracasos de carácter. Son señales de angustia sofisticadas y de alto volumen transmitidas directamente desde su sistema nervioso. Son la evidencia fisiológica de que sus recursos internos se han agotado.

Un niño no elige la desregulación. Un sistema nervioso simplemente responde a lo que percibe como peligro, amenaza o demanda abrumadora.

Cuando miras a un niño en medio de un ataque de ira, no estás viendo a un tirano consentido exigiendo control. Estás viendo a un pequeño humano experimentando una sobrecarga total del sistema. La corteza prefrontal—la parte responsable de la lógica, la razón y el autocontrol—ha sido temporalmente desconectada por los mecanismos de supervivencia profundamente arraigados en el tallo cerebral.

Piense en el cuerpo del niño como una máquina compleja que está haciendo cortocircuito. Si estuvieras conduciendo un coche y las luces de advertencia parpadearan, no patearías el tablero. Pararías y examinarías el motor.

Nuestro trabajo como adultos regulados es dejar de patear el tablero. Nuestro trabajo es traducir el ruido.

Cuando un niño golpea, el mensaje no es "Te odio." El mensaje es "Estoy llevando una cantidad intolerable de energía y no tengo la capacidad de regularla de manera segura."

Cuando un niño se apaga y se niega a hablar, el mensaje no es "Te estoy faltando al respeto." El mensaje es "Mi sistema está en modo de congelación; la amenaza es abrumadora y necesito desaparecer para sentirme seguro."

Este capítulo proporciona las herramientas para decodificar instantáneamente estas señales. Al aplicar la perspectiva del sistema nervioso, eliminamos la ofensa personal de la ecuación. Pasamos de ver un ataque a ver un ruego.

Una vez que domines este cambio, todo cambia. El caos deja de sentirse como un fracaso personal y empieza a sentirse como datos biológicos que se pueden resolver. Dejas de reaccionar automáticamente con frustración y empiezas a responder intencionadamente con conexión, convirtiéndote en el puerto seguro que el sistema angustiado de tu hijo está buscando frenéticamente.

# DESCUBIERTO: POR QUÉ CASTIGAR UN BERRINCHE ES COMO TRATAR UNA FIEBRE CON UN MARTILLO (Y LA MEJOR MANERA DE CALMAR LA FUENTE)

Un berrinche no es desobediencia. Es angustia.

Hemos sido enseñados durante generaciones a ver el colapso de un niño como un problema de comportamiento. Lo vemos como desobediencia intencional. Lo vemos como manipulación. Este sistema de creencias erróneo es lo que nos lleva a aplicar castigos: tiempos fuera, cumplimiento forzado, lenguaje de vergüenza.

Pero esto es como estar de pie sobre un niño con una fiebre alta y gritarle al termómetro. Estás atacando el síntoma. Estás atacando la medición. Estás perdiendo de vista la causa raíz por completo.

La causa raíz siempre es un sistema nervioso desregulado.

Cuando se supera el umbral de frustración de un niño—debido al hambre, fatiga, sobreestimulación o miedo—su cerebro de funciones ejecutivas se apaga. El centro lógico cierra por negocios. Lo que toma el control es el sistema de supervivencia, el cerebro primitivo.

El berrinche es la manifestación visible de ese sistema que intenta desesperadamente descargar el desbordamiento.

Cuando gritan, están en el estado biológico de Lucha. Su cuerpo está liberando hormonas diseñadas para enfrentar una amenaza.

Cuando se arrojan al suelo y se niegan a moverse, pueden estar en Congelación. Su sistema está abrumado y apagándose, esperando por seguridad.

Cuando atacan o golpean a un hermano, están en pura defensa. Esto no es falta de respeto. Esto es supervivencia.

Si respondemos a este estado fisiológico con castigo, agravamos el estrés. Confirmamos para su cuerpo que el entorno es, de hecho, hostil. Les decimos: "No puedo manejar tu dolor. No eres seguro cuando sientes grandes emociones."

Castigar un mecanismo de supervivencia es absurdo. Es cruel. Es inútil. No le enseña al niño nada sobre regulación. Solo les enseña a temer su propia experiencia interna y a ocultar su angustia la próxima vez.

No puedes razonar lógicamente con un niño cuyo centro lógico está fuera de servicio. No puedes imponer cumplimiento a un sistema nervioso que está luchando por su vida.

La mejor manera es pasar más allá del comportamiento y buscar de inmediato la fuente. ¿Cuál es la infección que causa la fiebre? ¿Cuál es el desencadenante que causa la sobrecarga del sistema?

Are they tired? Are they hungry? Do they feel unheard? Have they had too much sensory input?

En el momento en que traducimos el comportamiento en un sentimiento—veo que estás enojado (el comportamiento), pero sé que te sientes asustado y abrumado (el sentimiento)—cambiamos todo. Ya no estamos abordando el caos externo. Estamos calmando la fuente interna.

No usamos un martillo contra la fiebre. Usamos conexión, presencia calma y co-regulación para tratar el dolor. Regulamos su estado, y el comportamiento se suaviza automáticamente. Esta es la diferencia entre un cumplimiento temporal forzado y una regulación emocional duradera.

## LA VERIFICACIÓN DE ZONA DE 3 COLORES PARA PADRES: UNA HERRAMIENTA SIMPLE DE 10 SEGUNDOS PARA SABER EXACTAMENTE LO QUE TU HIJO NECESITA AHORA MISMO

Necesitas velocidad al ser padre. No tienes tiempo para un análisis de comportamiento complejo cuando tu hijo está gritando en el pasillo de la tienda.

Necesitas una herramienta de 10 segundos.

La Verificación de Zona de 3 Colores para Padres es una evaluación fisiológica simple. Te dice instantáneamente qué parte del cerebro de tu hijo está dirigiendo el espectáculo—y, por lo tanto, lo que desesperadamente necesita de ti ahora mismo.

Olvida la intención maliciosa. Olvida la disciplina por un momento. Solo evalúa el sistema nervioso.

ZONA VERDE: Regulada y Lista

El Estado: Este es el estado de descanso. La corteza prefrontal está activa. El nervio vago está funcionando sin problemas. Tu hijo se siente seguro, conectado y disponible.

Cómo Se Ve: Curiosidad. Flexibilidad. Usar sus palabras claramente. Riendo. Aceptando límites razonables. Buen contacto visual. Están operando desde su yo más auténtico e inteligente.

Lo que Necesitan: Conexión, tiempo y enseñanza.

Este es el único momento en el que se pueden enseñar y internalizar con éxito los límites, reglas y habilidades de afrontamiento. Usa este tiempo para construir la base. Tu trabajo es mantenerte regulado y disfrutar de la estabilidad.

ZONA AMARILLA: Activada y Alerta

El Estado: Esta es la luz de advertencia. El sistema nervioso simpático se está activando. Están sintiendo un torrente de hormonas del estrés. Se están preparando para una pequeña lucha o huida. Se están moviendo hacia la desregulación.

Cómo Se Ve: Quejidos. Volumen aumentado. Movimientos inquietos. Sutilezas excesivas. Pruebas de límites. Frustración rápida por cosas menores (las cortezas están equivocadas, el juguete se rompió). Agitación o incapacidad repentina para concentrarse.

Lo que Necesitan: Co-regulación y prevención.

Este es el momento de intervenir con calma, no con conversación.

Pausa la actividad. Usa un tono de voz bajo y lento. Ofrece señales de transición predecibles. Proporciona co-regulación física—un abrazo, una mano en la espalda, un sorbo de agua. Tu objetivo es guiarlos suavemente de vuelta a Verde antes de que Rojo se apodere.

ZONA ROJA: Defensiva y Apagada

El Estado: Sobrecarga total del sistema. Lucha, huida o congelación están completamente involucradas. El cerebro pensante está fuera de línea. Están operando puramente desde un mecanismo de supervivencia. Esto no es desobediencia; es defensa.

Cómo Se Ve: Colapso total e innegociable. Golpeando, pateando o corriendo (lucha/huida). Apagón emocional completo, mirando en blanco, quedándose en silencio, escondiéndose (congelación). Incapacidad para escuchar o procesar instrucciones verbales.

Lo que Necesitan: Seguridad, espacio y una presencia constante.

DETEN todo. No hables. No enseñes. No racionalices. Muévete lentamente. Mantén la proximidad si es seguro para ambos. Eres un amortiguador biológico. Concéntrate solo en tu propia regulación. Respira profundamente y ofrece tu calma. El cerebro no puede aprender en Rojo. Tu único trabajo es proporcionar un puerto seguro hasta que su sistema vuelva a bajar a Amarillo o Verde.

La evaluación completa toma segundos. ¿Su cuerpo es flexible o rígido? ¿Tienen los ojos abiertos y curiosos, o tensos y moviéndose? ¿Pueden oírte? Una vez que identifiques la zona, instantáneamente sabes tu misión. Pasas de ser un reactor confuso a un regulador intencionado.

# LA TRANSFERENCIA NO VERBAL: CÓMO TU PRESENCIA REGULADA ACTÚA COMO UN AMORTIGUADOR BIOLÓGICO PARA SU PÁNICO

IMAGINA QUE TU HIJO ES UN BARCO ATRAPADO EN UNA TORMENTA. Se está balanceando y girando, olas de emoción golpeando la cubierta. Tú, el padre, no solo eres el capitán; eres el faro. Eres la estructura inmóvil hacia la cual pueden orientarse.

Este es el principio de co-regulación. Es la herramienta más poderosa que posees, mucho más potente que cualquier tiempo fuera o gráfico de recompensas. Tu presencia actúa como un amortiguador biológico para su pánico.

Cuando un niño está desregulado—gritando, golpeando o congelado—su sistema nervioso está en un estado defensivo de alta alerta. Están enviando señales de angustia. Su cerebro está literalmente escaneando el entorno, buscando una señal de que el peligro no es catastrófico.

La señal más importante que buscan es tú.

Cuando enfrentas su caos con caos—gritos, ansiedad o retirada—confirmas la amenaza. Su sistema grita: "¡El faro se está quemando! ¡Estamos verdaderamente condenados!"

Pero cuando te regulas intencionadamente primero (los Capítulos 2 y 3 funcionan), ofreces una señal diferente y más fuerte. Prestas tu sistema regulado al suyo. Tu estado interno se convierte en su puerto seguro temporal. Su cuerpo reconoce, a un nivel profundo y fisiológico, que si la persona más grande y crucial en el entorno está tranquila, entonces la situación actual es sobrevivible.

Esta transferencia de calma no es pensamiento mágico; es el mecanismo fundamental de la conexión humana. Estamos programados para estabilizarnos mutuamente.

¿Cómo implementas físicamente esta transferencia tácita?

1. Proximidad sobre Distancia

Cuando un niño está abrumado, no lo envíes lejos para "calmarse" a menos que solicite específicamente espacio. En su lugar, disminuye la distancia física entre ustedes. No necesitas forzar un abrazo ni invadir su espacio. Simplemente siéntate o ponte más cerca. Tu cuerpo regulado y estable se convierte en una frontera física contra su creciente ansiedad. Un niño apoyándose contra un padre, incluso mínimamente, está aprovechando el sistema vagal ventral del padre para calmar el suyo.

2. El Poder del Toque Constante

Si tu hijo está abierto al toque, usa contacto profundo, lento y constante. Evita frotar frenéticamente o dar palmaditas rápidas, que pueden sentirse activadoras o impacientes. Coloca una mano cálida y firme en su espalda, su hombro o su muslo. El propósito de este toque es comunicar seguridad a través de la presión. La presión lenta y sostenida ayuda a organizar el sistema nervioso, señalizando al cerebro que el cuerpo está arraigado. Por eso funcionan las mantas con peso; en esencia, estás proporcionando una presencia enfocada y pesada.

3. El Tono Vocal Bajo y Lento

La voz humana es un instrumento regulador altamente afinado. Cuando estás en pánico, tu voz se vuelve aguda y rápida—la señal acústica de alarma. Cuando estás regulado, tu voz naturalmente baja en tono y se ralentiza. Este tono bajo y modulado es decodificado por el oído medio del niño como una señal de seguridad. Habla despacio. Habla en voz baja. Usa un ritmo ligeramente cantado si puedes manejarlo. Di solo lo que es esencial: "Veo que estás molesto. Estoy justo aquí." Esta comunicación no verbal es el 80% del proceso de co-regulación.

Al ralentizar tus movimientos, bajar tu voz y ofrecer proximidad constante, te conviertes en una señal biológica de seguridad que respira y vive. Estás comunicando, sin usar palabras, el mensaje más importante que un niño angustiado puede recibir: Estás a salvo y yo puedo manejar esto.

## ESTABLECIENDO LÍMITES QUE SE MANTIENEN: LA FÓRMULA DE LÍMITES COMPASIVOS QUE CONSTRUYE AUTOCONTROL EN LUGAR DE RESENTIMIENTO

A MENUDO PENSAMOS EN LOS LÍMITES COMO UN MURO QUE CONSTRUIMOS contra el niño. Esa es la imagen equivocada. Un límite es una cerca. Es un contenedor. Proporciona una estructura segura y predecible para que el sistema nervioso del niño pueda relajarse.

Un límite inestable crea ansiedad. Un límite firme entregado con calma crea seguridad.

El mayor sabotaje a un límite es entregarlo mientras estás desregulado. Si gritas el límite, el niño escucha la amenaza, no la regla. Entran en modo de lucha/huida. Resisten el límite porque están luchando contra tu miedo.

Tu primer paso es siempre la pausa. Regúlate. Habla desde tu núcleo estable.

La Fórmula de Límites Compasivos funciona cada vez. Tiene tres partes rápidas.

La primera parte es conexión: Valida el sentimiento.

Antes de abordar el comportamiento, reconoce el estado interno. Esto es crítico. El mal comportamiento es un mensaje. Debemos leer el mensaje antes de dar la respuesta.

Te ves tan enojado porque el tiempo de pantalla ha terminado. Veo cuánto querías seguir jugando ese juego. Entiendo que estás frustrado porque dije que no.

La validación no es un acuerdo. No estás de acuerdo en que la regla deba cambiar. Estás de acuerdo en que la emoción es real. Este paso desarma instantáneamente el mecanismo de defensa. Comunica: Veo tu corazón.

La segunda parte es corrección: Establece el límite claramente.

Usa la menor cantidad de palabras posible. No des discursos. No avergüences. Concéntrate en el comportamiento o la regla, no en el carácter del niño.

Validación: Sé que estás enojado por el cambio de horario.

Límite: Pero pegarle a tu hermana no está bien. Mi trabajo es mantener a todos seguros.

Validación: Sé que estás decepcionado porque no puedes tener ese juguete.

Límite: Hoy no vamos a comprar eso. Esa es mi decisión.

El límite es firme. Es corto. Debe ser entregado sin titubeos, pero siempre con calidez. Esto construye autocontrol interno porque el niño confía en la consistencia.

La tercera parte es co-regulación: Asegura la seguridad.

Después de que se establece el límite, el niño puede seguir protestando. Puede llorar o escalar. Aquí es donde prestas tu calma. No los aísles. Proporcionas co-regulación.

Puedes estar molesto por el límite, y yo me sentaré aquí contigo mientras estás molesto. Tus sentimientos son bienvenidos, pero pegar se detiene ahora. Respiremos juntos.

El poder de esta fórmula radica en su dualidad. Aceptas la emoción por completo. No aceptas el comportamiento peligroso o destructivo. El niño aprende: Mi padre me ama incluso cuando siento una enorme decepción. Mi padre es lo suficientemente fuerte como para mantener la línea. Esta es la definición de seguridad.

Los límites que se mantienen son límites entregados desde un sistema nervioso regulado. Son límites que aseguran: Yo soy el adulto seguro y tengo el marco constante.

# CHAPTER SIX

## EL NIÑO RESILIENTE: CÓMO INMUNIZAR A TUS HIJOS CONTRA LA ANSIEDAD PARA QUE PROSPEREN CUANDO NO ESTÉS CERCA

DURANTE CINCO CAPÍTULOS, TRABAJAMOS JUNTOS. ESTABILIZAMOS al adulto. Decodificamos el mensaje oculto en el caos. Aprendimos a prestar nuestra calma.

Prestar tu calma—eso se llama co-regulación. Es esencial. Es la base de la confianza.

Pero, ¿qué pasa cuando no estás allí? ¿Cuando están tomando un examen? ¿Cuando se enfrentan a un niño cruel en el patio de recreo? ¿Cuando el futuro se siente demasiado grande para soportarlo?

No queremos que nuestros hijos dependan de nuestra presencia para sentirse seguros. Queremos que internalicen las herramientas. Queremos que carguen la misma seguridad inquebrantable que has construido dentro de ti. Este es el regalo supremo del trabajo del sistema nervioso: verdadera, profunda y autónoma resiliencia.

La resiliencia no es la ausencia de lucha. Es la capacidad de volver a la línea base después de que la lucha ha llegado. Es la capacidad de pausar y regularse cuando el mundo exige una reacción. Este capítulo trata sobre enseñarles a construir ese camino de regreso.

El cambio es profundo. Pasamos de preguntar, "¿Cómo arreglo este sentimiento para ellos?" a "¿Cómo les ayudo a observar y manejar este sentimiento ellos mismos?"

Esto no se trata de darles un ejercicio de respiración que odian. Se trata de invitarlos al proceso de entender su propia y maravillosa, pero complicada, conexión. Les estamos enseñando a convertirse en la casa segura para sus propias emociones. Esa es la verdadera inmunización contra la ansiedad de por vida.

## MÁS ALLÁ DE LA BOLA DE RESPIRACIÓN: UNA GUÍA PASO A PASO PARA AYUDAR A TU HIJO A DISEÑAR SU PROPIA CAJA DE HERRAMIENTAS A PRUEBA DE ANSIEDAD

La "Bola de Respiración" es un maravilloso punto de partida. Ofrece una visualización tangible para la respiración. Pero seamos honestos: cuando la respuesta al estrés grita a todo volumen—cuando el niño está en angustia fisiológica total—una simple visualización a menudo falla.

La razón es simple: la regulación es profundamente personal. Lo que calma a un niño (una habitación oscura y tranquila) puede activar el sistema sensorial de otro (una sensación de aislamiento). Tu hijo necesita herramientas que estén diseñadas específicamente para la huella única de su sistema nervioso.

Este proceso no trata de asignar habilidades de afrontamiento. Se trata de convertirte en un detective curioso junto a tu hijo, ayudándolo a descubrir qué palancas y botones dentro de su cuerpo activan realmente la respuesta de calma. Esto cambia su mentalidad de dependencia ("Necesito que mamá me solucione") a autoeficacia ("Sé cómo regularme").

Los siguientes pasos te guían en la co-creación de una caja de herramientas verdaderamente a prueba de ansiedad y personalizada.

Paso Uno: El Inventario de Regulación (¿Qué Están Haciendo Ya?)

Antes de introducir algo nuevo, haz un inventario de sus intentos naturales, a menudo subconscientes, de regulación. Tu hijo ya está tratando de hacer frente; solo necesitamos validar y refinar esos intentos.

Las pistas: Cuando tu hijo está ligeramente estresado (zona amarilla), ¿qué pequeñas acciones repetitivas realizan?

¿Muerden su cuello, chupan su pulgar o se muerden las uñas? (Búsqueda oral/vocal)

¿Mueven su pierna, golpetean su lápiz o se mueven constantemente en su silla? (Búsqueda de movimiento/propriocepción)

¿Buscan texturas específicas, se cubren la cabeza con la capucha o tararean suavemente? (Modulación sensorial)

La conversación: En lugar de corregir el comportamiento ("Deja de morder tu manga"), nombra la función ("Parece que tu boca necesita alguna entrada en este momento para sentirse estable"). Explica que estas acciones son la forma inteligente de su cuerpo de intentar sentirse seguro.

Paso dos: El experimento sensorial (La prueba de bajo riesgo)

No puedes introducir una nueva habilidad de afrontamiento durante una crisis. El cerebro simplemente no podrá acceder a ella. Este paso requiere tiempo tranquilo y dedicado para experimentar. El objetivo es ver cómo diferentes entradas sensoriales impactan su cuerpo físico, luego dejar que el niño elija sus favoritas.

Movimiento y propriocepción (Presión profunda): Experimenta con actividades que proporcionen una retroalimentación intensa a las articulaciones y músculos, lo cual es increíblemente estabilizador.

Empujar y tirar: Haz que empujen sus manos contra una pared durante cinco segundos. ¿Eso ayuda a calmar los nervios?

Presión pesada: Prueba con una manta pesada o un abrazo ajustado. ¿El peso se siente reconfortante o restrictivo?

Saltar: Diez saltos en el mismo lugar. ¿El impacto ayuda a liberar la energía?

Entrada oral y vocal: La mandíbula está altamente vinculada al nervio vago. Masticar rítmicamente o hacer sonidos es un regulador rápido.

Herramientas para masticar: Ofrece alimentos crujientes (zanahorias, palitos de pretzel) o chewelry no tóxico.

Tararear y cantar: Tararea un tono largo y bajo. ¿La vibración se siente estabilizadora en su pecho?

Toque y temperatura: Explora cambios sensoriales inmediatos y poderosos.

Frío: Sostener un cubo de hielo o mojar las muñecas bajo agua fría.

Textura: Mantén cerca un trozo suave de terciopelo, una piedra lisa o un cepillo áspero. ¿Qué textura hace que sus hombros caigan?

Paso tres: La asamblea y nombramiento (Creando propiedad)

Una vez que hayas identificado tres a cinco herramientas que cambian confiablemente su estado físico, formaliza el conjunto de herramientas. Deja que el niño tome la iniciativa en cómo se organiza esto.

La caja: Consigue una pequeña caja o bolsa que decoren ellos mismos. No es la caja del padre; es la del niño.

Los nombres: Ayúdales a nombrar las herramientas según su función. En lugar de "Respiración", podría ser "La barriga de globo" o "Oler la sopa". En lugar de "Empujar la pared", podría ser "El empuje de poder".

El mapa: Para los niños más pequeños, crea un mapa visual simple que muestre la herramienta y dónde ayuda a su cuerpo (por ejemplo, dibujar una imagen de chicle al lado de una imagen de una cara calmada).

La regla clave: Cada herramienta debe ser algo que puedan acceder de inmediato e independientemente. Si necesitan que se lo des, es una herramienta de co-regulación, no de auto-regulación.

Paso cuatro: La prueba práctica (Implementando cuando están calmados)

El paso final es practicar el uso. No esperes al inevitable momento de alto estrés.

Simulación: Actúa pequeños momentos de frustración. "¡Oh no, mi torre se cayó! ¡Me siento frustrado! ¿Qué herramienta debería intentar?"

El suave aviso: Cuando veas sus primeras señales de activación (inquietud, ceño fruncido), utiliza una curiosidad suave: "Noto que tu pie está golpeando rápido. ¿Tu cuerpo necesita una herramienta de tu caja ahora mismo?"

Celebra el éxito: Cuando ellos usan proactivamente una herramienta, reconoce la habilidad, no solo el resultado. "Noté que tomaste cinco grandes sorbos de agua antes de hacerme esa pregunta. Esa fue una gran autocontrol. ¿Cómo se siente tu cuerpo ahora?"

Al darle a tu hijo esta agencia, le estás enseñando la mayor lección de resiliencia: que no son víctimas de sus emociones, sino arquitectos hábiles de su propia calma interna.

## DEJA DE REPRIMIR, COMIENZA A ACEPTAR: LA LECCIÓN CONTRARIA A LA INTUICIÓN QUE CONVIERTE LAS EMOCIONES INTENSAS EN FUENTES DE FORTALEZA

El impulso primigenio de cada padre es detener el sufrimiento de su hijo. Odiamos el sonido del verdadero dolor. No podemos tolerar el calor volcánico de su ira. Entonces, ¿qué hacemos? Nos convertimos en reprimidores rápidos.

Deja de llorar. Cálmate. No te sientas triste por eso. Es solo un juguete.

Tenemos buenas intenciones. Queremos protegerlos del dolor. Queremos silencio. Pero la represión es el mayor saboteador de la fortaleza emocional. Cuando enseñamos a un niño a reprimir su ira o esconder su miedo, le enseñamos que su experiencia interna es peligrosa. Les enseñamos que partes de sí mismos no son bienvenidas.

Pero los sentimientos son hechos. Son pura información biológica. Son los puntos de datos parpadeantes en el tablero de su sistema nervioso.

Cuando reprimes la ira, no desaparece. Se vuelve interna. Se convierte en ansiedad. Se convierte en tensión física. Se convierte en control rígido. O explota, eventualmente, porque el medidor de presión interna llegó al máximo.

La lección contraria a la intuición es esta: Debemos enseñar a nuestros hijos a aceptar la incomodidad. Debemos enseñarles tolerancia emocional.

La tolerancia significa aceptar la existencia del sentimiento sin exigir que cambie de inmediato. Significa crear espacio para la intensidad.

Tu papel como padre regulado es prestar tu sistema nervioso calmado como contenedor para su tormenta.

Dices: Veo que estás furioso. Está bien estar furioso. La furia es un sentimiento grande y poderoso.

Nota la diferencia. No estás diciendo: Deja de sentir furia. No estás diciendo: Tu sentimiento de furia es malo.

Estás validando el punto de datos. Estás aceptando la información.

Los sentimientos son información, no directivas.

Esta es la distinción que crea seres humanos resilientes.

El sentimiento de ira es información de que se ha violado un límite o que una necesidad no se ha satisfecho. Esa ira no le ordena al niño golpear la pared o gritarle al hermano. Es simplemente una señal.

El sentimiento de ansiedad es información de que el sistema ha detectado una amenaza potencial. Esa ansiedad no le ordena al niño que huya de la habitación o que se niegue a la tarea. Es simplemente una advertencia.

Cuando ayudas a tu hijo a identificar y aceptar el sentimiento—Mi pecho está apretado. Mis manos se sienten calientes. Estoy sintiendo tristeza en este momento—les enseñas a observarlo, en lugar de convertirse en esclavos de él. Les estás ayudando a desarrollar el músculo emocional para soportar la dificultad.

Esta aceptación espaciosa es la fuente de la fuerza interior.

Es cómo las emociones intensas se transforman de fuerzas disruptivas en energía manejable. Queremos niños que puedan sentir cosas grandes y aún así permanecer completos. Queremos niños que confíen en sus sentimientos pero que sepan que tienen una elección sobre qué hacer a continuación.

Tu permiso para que sientan grandes emociones es el regalo supremo de seguridad. Estás demostrando, momento a momento, que las fuertes corrientes de la vida no los destruirán, porque estás allí, sosteniendo el espacio, firme y verdadero.

## LA SOLUCIÓN FÍSICA: 7 ACTIVIDADES SENSORIALES QUE RESTABLECEN INSTANTÁNEAMENTE UN SISTEMA NERVIOSO SOBRECARGADO (FUNCIONA EN 90 SEGUNDOS)

La ruta más rápida hacia un cerebro calmado siempre pasa por el cuerpo físico.

Cuando un niño (o un adulto) está en un estado de alerta alta, la corteza prefrontal—la parte que maneja la lógica y el razonamiento—está desconectada. No puedes razonar con una respuesta de pánico. Debes intervenir fisiológicamente.

Este es el poder de la conciencia sensorial. Usamos una entrada intencional y física para enviar un mensaje claro al sistema nervioso: "Estás a salvo ahora." La entrada sensorial es el dato bruto que anula la alarma. Funciona inmediatamente. No requiere de pensamiento consciente.

Aquí hay siete actividades sensoriales diseñadas para interrumpir instantáneamente la activación simpática (lucha/huida) y guiar al cuerpo de regreso a la línea de base, lograble en menos de noventa segundos.

1. El Movimiento de Ocho. Párate. Mantén tus pies firmemente colocados. Mueve suavemente tus caderas y la parte superior de tu cuerpo en un lento y continuo movimiento de figura ocho. Este movimiento rítmico es profundamente calmante para el sistema vestibular (tu sentido del equilibrio). No te concentres en nada específico. Simplemente deja que tu cuerpo se mueva, lento y bajo, durante diez respiraciones profundas. El movimiento rítmico señala estabilidad.

2. La Salpicadura de Muñeca Fría. Las muñecas internas son puntos de pulso donde los vasos sanguíneos están cerca de la superficie. Cuando sientes que el calor aumenta (frustración, ira), camina inmediatamente al lavabo y salpica o sostén agua fría directamente sobre tus muñecas durante quince segundos. Este es un shock inmediato y seguro para el sistema. Activa el reflejo de inmersión mamífero, disminuyendo instantáneamente la frecuencia cardíaca y señalando la disminución de la temperatura.

3. El Zumbido Interno. El nervio vago baja por el cuello, el pecho y el diafragma. Tonificar este nervio promueve activamente la calma. Cuando te sientes abrumado, cierra los labios y zumbra en voz alta, profundo en tu pecho. Siente la vibración detrás de tu esternón y en tu garganta. Zumba durante tres exhalaciones completas. La vibración del sonido actúa como un masaje interno para el sistema regulador.

4. Protocolo de Pies Pesados. Si estás de pie, presiona tus talones hacia abajo en el suelo tan fuerte como puedas. Imagina que intentas hundir todo tu peso corporal en la tierra debajo. Si estás sentado, planta tus pies y presiona hacia afuera, activando tus músculos de las piernas. Esta intensa conexión con la tierra proporciona una profunda entrada propioceptiva, anclándote en el momento presente y contrarrestando la sensación de querer huir.

5. La Explosión Ácida. El gusto es una herramienta reguladora poderosa e inmediata. Mantén cerca una lata de caramelos intensamente ácidos o mentolados. Cuando la ansiedad o la frustración aumenten, cómete uno.

El sabor intenso y agudo exige la atención completa del cerebro, anulando la espiral emocional. Obliga a un reinicio mental completo a través de la fuerte entrada sensorial.

6. El Abrazo a Uno Mismo. Cruza los brazos sobre tu pecho, llevando tus manos para agarrar los bíceps o los hombros opuestos. Abraza suavemente, luego con fuerza. Mantén el abrazo fuerte durante tres segundos, luego suelta ligeramente, manteniendo el contacto. Repite este abrazo y suelta cinco veces. Esta presión profunda proporciona límites seguros y contenidos y desencadena la liberación de oxitocina, una hormona de apego y calma.

7. Escaneo Externo 5-4-3-2-1. Mira alrededor de la habitación. Nombra en voz alta: cinco cosas que ves (por ejemplo, el polvo en la estantería, el libro azul). Cuatro cosas que puedes tocar (por ejemplo, la textura de tu camisa, la suavidad de la mesa). Tres cosas que puedes escuchar (por ejemplo, el tictac del reloj, un coche afuera). Dos cosas que puedes oler. Una cosa que puedes saborear (o el sabor en tu boca). Esto obliga a la corteza prefrontal a participar en una observación simple, sacando tu atención de la narrativa de peligro interno.

Estos no son mecanismos de afrontamiento; son herramientas fisiológicas. Son el botón de reinicio de acceso rápido que te permite pasar de la respuesta instintiva a la crianza intencional y receptiva.

## CÓMO PERMITIR PEQUEÑOS FRACASOS AHORA PREVIENE UN PERFECCIONISMO PARALIZANTE Y EL MIEDO AL RIESGO MÁS TARDE

El perfeccionismo no es la búsqueda de la excelencia. Es un escudo contra la vergüenza. Es el intento desesperado del sistema nervioso ansioso de controlar cada variable porque percibe los errores como una amenaza para la vida—o al menos socialmente fatales. Cuando un niño aprende desde temprano que su valor o aceptación está ligado al rendimiento impecable, está recibiendo un manual de instrucciones para la ansiedad crónica. Dejan de intentar cosas nuevas. Dejan de arriesgarse. Aprenden a elegir la evasión (congelarse) sobre el compromiso (lucha/huida) en el momento en que el éxito no está garantizado.

Como padres, estamos aterrorizados de ver a nuestros hijos luchar. Intervenimos rápidamente. Arreglamos la tarea. Llamamos al maestro. Limpiamos el desastre antes de que ellos siquiera registren completamente la decepción. Aunque esto se siente como amor en el momento, envía un mensaje claro y destructivo: "No eres lo suficientemente competente para manejar esta decepción, y necesito mantenerte a salvo del malestar." Esto les roba la oportunidad de construir una vía neural crucial: el camino de la recuperación.

La verdadera confianza no es saber que nunca caerás; es saber que puedes levantarte cuando lo hagas. Esa es la competencia. La resiliencia se construye en las pequeñas grietas entre el esfuerzo y el resultado. Debemos permitir deliberadamente que ocurran pequeños fracasos con apoyo ahora, mientras las apuestas son bajas.

Déjalos usar ropa desentonada. Déjalos olvidar el pequeño proyecto escolar. Déjalos calcular mal el salto y tropezar. Cuando experimentan estos micro-fracasos, su sistema nervioso registra un choque, pero luego observa rápidamente: "Espera, fallé, y el mundo no se acabó. Mi padre/madre todavía está aquí, firme y tranquilo/a. Sobreviví."

Cuando ocurre un fracaso, tu trabajo cambia por completo. No eres un solucionador. Eres un testigo firme. Te regulas primero, luego ofreces empatía por su decepción. "Vaya, eso se siente realmente frustrante cuando pasaste tanto tiempo en ello." Espera a que ellos identifiquen el siguiente paso. No ofrezcas la solución de inmediato. La clave es ayudarles a procesar el sentimiento de fracaso (la activación del sistema nervioso) y luego empoderarlos para intentar una nueva estrategia (la acción competente).

El aprendizaje está en la recuperación, el giro y el intento, no en el resultado inicial. Cada pequeño fracaso que navegan hoy es una póliza de seguro contra un miedo paralizante al riesgo mañana. No estamos buscando niños perfectos; estamos buscando humanos capaces que ven los errores no como acusaciones de su valía, sino como puntos de datos en el camino hacia la maestría. Dales el espacio para ser imperfectos. Dales el regalo de su propia lucha. Es la base de su futura fortaleza.

# CHAPTER SEVEN

★ ★ ★

## CAOS EXTERNO, CALMA INTERNA: DESPLEGANDO TU NUEVO SISTEMA DE REGULACIÓN CONTRA EL TIEMPO DE PANTALLA, LA PRESIÓN SOCIAL Y LA CULTURA DE COMPARACIÓN

Has hecho el trabajo más profundo. Has dominado la pausa. Has aprendido a hablar en paz. Has descubierto el cableado oculto de las reacciones defensivas de tu hijo/a.

Ahora llega la prueba definitiva: desplegar ese sistema de regulación interna contra el mundo moderno incesante, amplificado y altamente estimulante.

El paisaje fuera de tu puerta principal no está diseñado para la calma. Está diseñado para la activación. Está construido para mantener al sistema nervioso humano en un estado de alerta leve y crónica. Piénsalo:

El tiempo de pantalla ofrece ráfagas de dopamina y patrones de luz intermitente, ambos estresores inmediatos.

La presión social exige conformidad y rendimiento, activando un miedo profundo al rechazo.

La cultura de la comparación asegura una insatisfacción perpetua, alimentando la mentalidad de escasez que impulsa la ansiedad.

Estos no son solo preocupaciones abstractas. Estas son entradas pesadas que inundan constantemente los sistemas fisiológicos de tu hijo/a (y los tuyos propios). Son estimulantes que impiden que el nervio vago descanse en ese estado suave y regulado de conexión y paz.

¿La buena noticia? No puedes detener el mundo de girar, pero puedes construir un núcleo estable y regulado dentro de tu familia que actúe como un escudo térmico contra el calor externo. Tu trabajo principal ahora cambia de la estabilización interna a la ingeniería ambiental consciente.

Ya no estamos tratando de eliminar el caos—eso es imposible. Estamos aprendiendo a existir dentro de él mientras nos mantenemos organizados internamente. Estamos enseñando a nuestros hijos cómo filtrar el ruido, cómo discernir lo que les pertenece y cómo elegir conscientemente la calma cuando el mundo exige pánico.

Este capítulo trata sobre traducir tu calma interna en límites externos que protejan el recurso más valioso de tu familia: su paz. Abordaremos la tecnología, el logro y la vida social no a través de la lente del juicio moral o reglas estrictas, sino a través de la dura ciencia del manejo de la estimulación. La pregunta siempre es: ¿Esta actividad está sirviendo para la regulación o está provocando dis-regulación?

Cuando respondes desde ese lugar de sabiduría regulada, las decisiones se vuelven asombrosamente claras. Dejas de discutir sobre reglas arbitrarias y comienzas a proteger la seguridad fisiológica. Y eso cambia todo.

## LA ESTRATEGIA DE PANTALLA "ANTI-ESTIMULANTE": ESTABLECIENDO LÍMITES TECNOLÓGICOS QUE REALMENTE REDUCEN LA ANSIEDAD, NO SOLO EL CONFLICTO

Este es quizás el campo de batalla más cargado en la crianza moderna. Sientes la culpa si permites demasiado; sientes la ansiedad de la pelea cuando lo quitas. Tendemos a enmarcar el tiempo de pantalla como un problema ético, un fracaso de la fuerza de voluntad o una señal de pereza. Nos obsesionamos con los minutos vistos y el contenido consumido.

Necesitamos cambiar completamente el marco. La tecnología no es un fracaso moral; es un poderoso y altamente efectivo estimulante del sistema nervioso.

El cerebro de tu hijo responde a un video de ritmo rápido o a un juego competitivo de la misma manera en que responde a ser perseguido por un depredador—con alta activación. La diferencia es que en lugar de activar la respuesta de lucha o huida a través de la adrenalina, las pantallas despliegan el sistema de recompensa neuroquímico más poderoso: la dopamina.

Los cortes rápidos, las recompensas inmediatas e impredecibles (notificaciones, "me gusta", ganar una ronda), las luces brillantes—todo está diseñado para mantener el sistema ligeramente activado y altamente comprometido. Le da al cerebro lo que piensa que quiere, de forma rápida y continua.

Esto es importante porque un niño (o un adulto) cuyo sistema nervioso está perpetuamente sobre-estimulado no puede hacer la transición sin problemas, no puede tolerar el aburrimiento y, sin duda, no puede autorregularse cuando está frustrado. La épica explosión emocional que presencias cuando aplicas un límite estricto no es una lucha de poder; es una retirada fisiológica. Es el cuerpo gritando porque el goteo de dopamina se ha cortado de repente.

El objetivo de los límites de pantalla, por lo tanto, no es alcanzar un número mágico de minutos. El objetivo es reducir la estimulación crónica y priorizar el tiempo de inactividad restaurador.

La Estrategia Anti-Estimulante redefine los límites basándose en la regulación, no en las reglas:

1. El Protocolo de Corte Abrupto

Nunca permitas pantallas inmediatamente antes de una transición clave que requiera regulación o conexión. Esto incluye treinta minutos antes de dormir, quince minutos antes de la cena familiar, o directamente antes de la tarea que requiere alta concentración. Tu hijo no puede pasar de la hiperactivación al sueño profundo o a una conexión íntima instantáneamente. Simplemente no puede. Las pantallas deben detenerse antes de que el cuerpo necesite desacelerarse.

2. La Transición de Tren de Aterrizaje

Un corte abrupto es un choque para el sistema. Básicamente estás desconectando su goteo de IV neurológico. Necesitamos una transición, un descenso suave, como un avión desplegando su tren de aterrizaje.

Cuando announces la advertencia de cinco minutos, emparejala con una actividad reguladora física y sensorial que deben comenzar inmediatamente después.

Por ejemplo: "Cinco minutos más. Cuando suene el temporizador, pondrás el dispositivo en la estación de carga y pasarás diez minutos haciendo flexiones de pared grandes (trabajo pesado) antes de comenzar tu lectura."

Esta actividad de transición de diez minutos debe ser no digital y ligeramente reguladora. Debe ser lo suficientemente aburrida como para permitir que el sistema nervioso procese la retirada, pero lo suficientemente atractiva como para prevenir una explosión inmediata. Las opciones simples incluyen beber un vaso de agua fría (entrada sensorial), estirarse, escuchar música instrumental suave, o trabajar en un juego de Lego.

3. La Auditoría del Entorno

El tiempo de pantalla a menudo ocurre cuando el niño necesita procesar algo difícil o cuando el padre necesita una pausa. Esto está bien, pero debemos asegurarnos de que el entorno alrededor del uso de pantallas sea restaurador.

Las pantallas deben guardarse en una estación de carga central y designada, no llevarse alrededor o permitirse en el dormitorio. Los dormitorios son para descansar, conectar y tiempo de inactividad restaurador. Cuando un dispositivo está presente en un lugar de descanso, asegura que el niño permanezca en un estado de alta alerta anticipatoria (esperando la próxima notificación o impulso).

4. El Intercambio Sensorial para la Disregulación

Si el niño ya está desregulado después del tiempo de pantalla (llorando, irritable, en oposición), no hables, negocies o razones. Su cerebro pensante (corteza prefrontal) está completamente fuera de línea. Usa la entrada sensorial para estabilizarlos.

Enfócate en sensaciones físicas que anulen el zumbido digital: presión fuerte (un gran abrazo de oso o una manta pesada), temperaturas frías (sosteniendo hielo, bebiendo agua fría) o movimiento físico intenso (corriendo afuera durante un minuto). Les estás dando al cuerpo información inmediata, real y confiable para sacarlo de la neblina digital.

Recuerda, en el momento en que decides que un límite de pantalla se trata de proteger el sistema nervioso de tu hijo—y tu propia paz—las conversaciones se vuelven más fáciles. Deja de ser una batalla disciplinaria y se convierte en una necesidad de salud. Les estás enseñando que a veces, la opción más nutritiva es la más silenciosa.

## LAS 4 FRASES QUE TU HIJO NECESITA ESCUCHAR ANTES DE UN EXAMEN O EVENTO SOCIAL PARA SENTIRSE SEGURO Y COMPETENTE

El mundo contemporáneo exige rendimiento de nuestros hijos más temprano y de manera más intensa que nunca. Vemos la presión manifestarse en síntomas físicos: dolores de estómago antes del gran examen de matemáticas, repentinos dolores de cabeza antes del evento social. En estos momentos, el sistema nervioso de tu hijo está gritando: "¡Peligro! ¡Estoy siendo juzgado!"

Muchos padres intentan ayudar diciendo cosas como: "Solo saca un A," o "No me avergüences." Incluso frases bien intencionadas como "¡Debes tener éxito!" son interpretadas por el cerebro del niño como una amenaza a la conexión. Si fallan, arriesgan perder tu amor, o eso cree su cerebro primitivo.

Nuestro objetivo no es exigir excelencia, sino ofrecer una red de seguridad interna. Tus palabras deben comunicar tres cosas: aceptación incondicional, competencia y un derecho a regularse.

Aquí están los cuatro mensajes esenciales que cada niño necesita escuchar antes de enfrentar presión externa:

1. "Estoy tan orgulloso del esfuerzo que pusiste. Eso es lo que más importa."

Esta frase cambia inmediatamente el enfoque del resultado (la calificación, el rendimiento social perfecto) al proceso (el tiempo de estudio, el coraje para intentarlo). El esfuerzo es interno y controlable. Los resultados son externos y a menudo impredecibles. Cuando elogias el esfuerzo, recompensas el trabajo duro y la perseverancia. Enseñas al niño que su valor radica en su compromiso, no en su logro. Esto reduce inmediatamente la intensidad de la respuesta del sistema nervioso simpático porque las apuestas ya no están atadas al juicio externo.

2. "Si tu pancita se siente tensa o te atascas, recuerda tomar una respiración profunda. Puedes pausar."

Esto es permiso para regularse. Las situaciones de alto estrés a menudo desencadenan la respuesta de congelamiento, haciendo que el niño se bloquee en el examen o se apague socialmente. Al reconocer la sensación física de ansiedad ("la pancita se siente tensa") validas su experiencia interna. Más importante aún, proporcionas una estrategia de salida clara y aceptable: la pausa. Les estás enseñando que regular su cuerpo es más importante que apresurarse a una respuesta. Esto les empodera a usar sus propias herramientas de regulación, sabiendo que apruebas el tiempo que toma.

3. “Esto es solo práctica. Estamos haciendo esto para que puedas aprender lo que sabes y lo que necesitas a continuación.”

La forma más efectiva de combatir la presión del 'Gran Evento' es reencuadrarlo. Un examen de alta importancia raramente es realmente de alta importancia. Al llamarlo "práctica" o "recopilación de información", eliminas su calidad final y de juicio. Si un evento social sale mal, es solo información sobre cómo navegar el siguiente. Esta perspectiva inmuniza al niño contra el perfeccionismo. Cuando cometen un error, no ven un fracaso; ven retroalimentación. Este reencuadre cognitivo mantiene la corteza prefrontal en línea y accesible, incluso bajo presión.

4. “Confío en tu cerebro y confío en tu corazón. Ve y elige el camino que sientas correcto para ti.”

Esto es el máximo generador de confianza, entregado desde un lugar de regulación. Estás cediendo el control de vuelta al niño—lo que el adulto regulado excelentemente maneja. Les estás diciendo, explícitamente, que poseen los recursos internos para manejar la situación. “Confío en tu mente” valida su conocimiento y lógica. “Confío en tu corazón” valida su intuición y navegación emocional. Esta frase es poderosa porque les permite entrar en la situación con agencia, sabiendo que incluso si cometen un error, apoyas su proceso de toma de decisiones.

Al proporcionar estas frases, no solo estás ofreciendo aliento; estás co-regulando su experiencia, dándoles un ancla interna de seguridad que permite que su competencia brille. Estás cambiándolos de una mentalidad de supervivencia a una mentalidad de prosperidad.

## CÓMO CONSTRUIR UN ESCUDO INVISIBLE ALREDEDOR DE TU FAMILIA QUE REPELE LA TRAMPA TÓXICA DE LA COMPARACIÓN

La trampa de la comparación está en todas partes. Es el zumbido ansioso de la vida moderna. Se siente como una competencia implacable. ¿Quién tiene el mejor auto? ¿Qué niño entró a la mejor escuela? ¿Quién programa las actividades más elitistas?

Esta medición constante desencadena un estado crónico de amenaza de bajo nivel. Le dice a tu sistema nervioso, y al de tu hijo, que tu valor es externo. Que solo estás seguro si estás a la altura. Esta es una carga regulatoria profunda. Es imposible sentirse tranquilo cuando tu valor depende de superar a la persona a tu lado.

El escudo no se trata de aislar a tu familia. Se trata de definir el éxito internamente. Se trata de crear una capa protectora y espesa de valores compartidos que no puede ser penetrada por métricas externas.

Debes dejar de medir las cosas equivocadas.

Una calificación es un logro. Es un resultado. No es un valor. Una temporada de fútbol perfecta es un resultado. No es la medida de la integridad.

Necesitamos cambiar la celebración.

Cuando te concentras únicamente en el logro, le enseñas a tu hijo que el esfuerzo y el carácter—las partes que pueden controlar—son irrelevantes comparados con el resultado—las partes que a menudo no pueden.

El escudo se construye sobre cuatro pilares internos: Esfuerzo, Bondad, Curiosidad e Integridad.

Haz de estos la moneda de tu familia.

Cuando tu hijo obtiene una A, celebra el tiempo que pasó estudiando. Celebra la perseverancia. Cuando pierden un juego, celebra la deportividad mostrada al oponente. Celebra su valentía por entrar al campo en absoluto.

Esto significa que debes ajustar tu lenguaje.

Deja de hacer las preguntas inmediatas y ansiosas sobre el rendimiento. Deja de preguntar, "¿Ganaste? ¿Qué obtuviste en el examen?"

Comienza a preguntar: "¿Qué aprendiste hoy? ¿Te sentiste desafiado? ¿Ayudaste a alguien? ¿Qué te hizo reír?"

Crea un Manifiesto de Valores Familiares. Siéntate juntos. Pregunta a tus hijos qué los hace sentir realmente bien consigo mismos. No orgullosos de un premio, sino bien en su interior. ¿Es ayudar a un vecino? ¿Es terminar un libro difícil? ¿Es hacer su cama sin que se lo pidan? Escríbelos. Estos son tus no negociables.

Cuando el ruido de la comparación se cuela—y lo hará—despliegas la charla de protección.

Un niño dice, "Sarah ya está leyendo libros de capítulos y yo todavía estoy en libros fáciles."

Tu respuesta regulada es: "Eso es genial para Sarah. Celebramos su alegría. Pero en esta familia, medimos el éxito por cuánto disfrutamos el viaje. ¿Tienes curiosidad? ¿Estás dando lo mejor de ti? Entonces estás ganando."

Estás validando su observación del mundo exterior, pero inmediatamente los re-centras en la definición interna de competencia de tu familia.

Les recuerdas: Somos una unidad segura y estable. Nuestro valor es inherente. Nuestro éxito se mide por la calidad de nuestro carácter, no por el tamaño de nuestro portafolio. Esta consistencia es lo que construye el escudo invisible. Permite que su sistema nervioso se relaje porque saben que son amados, no por lo que hacen, sino por quien están llegando a ser.

## EL COSTO OCULTO CHOCANTE DEL EXCESO DE PROGRAMACIÓN: POR QUÉ EL ABURRIMIENTO ES LA ÚNICA HERRAMIENTA MÁS GRANDE PARA CONSTRUIR RESILIENCIA

Constantemente se nos dice que la medida de un buen padre es cuán plenamente llenan el calendario de su hijo. Persiguimos los trofeos deportivos, los momentos de prodigio musical, la ventaja académica. Programamos, conducimos, gestionamos.

Tememos que si no están haciendo algo productivo, están quedándose atrás.

Pero este ritmo frenético está saboteando activamente la resiliencia que estamos intentando construir.

Considera el sistema nervioso humano. Está diseñado para oscilar entre esfuerzo y descanso. Cuando el esfuerzo es implacable, el sistema permanece atrapado en un estado alto de activación. Las prácticas de fútbol y la tutoría son herramientas maravillosas, pero cuando se apilan una tras otra, el cerebro del niño nunca tiene un momento para procesar la información. No hay tiempo de recuperación.

Un niño sobreprogramado es, por definición, un niño sobreactivado. Están funcionando con la energía de la anticipación perpetua y la presión del rendimiento. Puede que no tengan un colapso en la mesa de cena, pero llevan un zumbido de estrés crónico de bajo nivel. Este estrés es el costo oculto del calendario perfecto.

Es aquí donde el aburrimiento se convierte en nuestra herramienta más grande.

El aburrimiento no es un fracaso. El aburrimiento no es la ausencia de actividad; es la presencia de una oportunidad para que el ser se muestre.

Cuando un niño está aburrido, se ve obligado a mirar hacia adentro. Debe acceder a sus propios recursos internos. Debe inventar. Debe decidir. Están activando partes de su cerebro responsables de la función ejecutiva y la resolución de problemas, todo sin una fecha límite externa o un entrenador dictando la acción.

La capacidad de crear su propia fuente de compromiso es la piedra angular de la resiliencia psicológica.

Si constantemente proporcionamos el entretenimiento, la instrucción o la próxima tarea, les enseñamos a depender de la entrada externa. Los entrenamos para que requieran estimulación constante para regularse. Este es un camino directo hacia la ansiedad y la dependencia de las pantallas.

Debemos crear amplitud.

La amplitud es el espacio intencional de tiempo que es indefinido y sin prisa. Es el tiempo en el que simplemente estás con tu hijo, sin hacer nada con ellos.

La conexión genuina requiere estas pausas. Es en el viaje tranquilo, la perezosa tarde de domingo o los diez minutos después de la escuela cuando nada está programado donde las conversaciones más profundas y auténticas suelen aflorar. Estos momentos señalan seguridad a ambos sistemas nerviosos. Comunican: Tenemos tiempo suficiente. Somos lo suficientemente seguros para reducir la velocidad.

Si deseas inocular a tu hijo contra las presiones del mundo exterior, reduce el calendario. Dales el regalo del tiempo. Dales el regalo del silencio. Dales el profundamente importante, restaurador y resistente regalo del verdadero aburrimiento puro.

# CHAPTER EIGHT

## EL PLANO PARA UNA PAZ DURADERA: CÓMO INSTALAR TUS NUEVOS HÁBITOS DEL SISTEMA NERVIOSO PARA LA REGULACIÓN DE POR VIDA

HAS HECHO EL TRABAJO. HAS IDENTIFICADO TUS DESENCADENANTES. Has aprendido el cableado oculto de tus propias respuestas. Has practicado el arte de la pausa. Has reparado los momentos de ruptura.

Esta es la etapa final. Aquí es donde pasamos de la gestión de crisis a la vida sostenible. Ya no solo estamos arreglando problemas; estamos construyendo un sistema operativo completamente nuevo para tu familia.

Cambios reales y duraderos no provienen de sobrehauls dramáticos e insostenibles. Provienen de pequeños y constantes cambios en tu ritmo diario. Provienen de incorporar la conciencia de tu sistema nervioso en los momentos ordinarios—la transición de coche a cocina, la espera por el café, el doblado de la ropa.

Tu cuerpo es profundamente resistente a la novedad. Ama los patrones, incluso los disfuncionales. Para hacer que estas nuevas respuestas reguladas sean permanentes, debemos hacerlas más fáciles, más automáticas y menos demandantes cognitivamente que las antiguas.

Piénsalo como colocar nuevas vías de tren. Al principio, las viejas vías—las rápidas, reactivas, gritando—parecen mucho más desgastadas y tentadoras. Pero con un uso constante y suave, las nuevas vías se convierten en la ruta predeterminada.

Este capítulo es tu plan de mantenimiento a largo plazo. Es el plano para una vida donde la calma es la línea base, no la excepción. Es la promesa de que el esfuerzo que invertiste dará sus frutos, no solo hoy, sino durante décadas por venir.

Ahora pasamos de arreglar a prosperar. Nos movemos de sobrevivir a estar completamente presentes. Este nuevo camino es más tranquilo, más estable y infinitamente más alegre. Hagamos que esta paz sea permanente.

## EL MÉTODO "PILOTO AUTOMÁTICO": TEJIENDO REGULACIÓN EN TU CAFÉ DE LA MAÑANA Y RUTINA NOCTURNA (TOMA 2 MINUTOS)

La mayoría de las personas fracasan en la autorregulación porque lo tratan como una sesión intensiva de yoga de treinta minutos que deben encajar. Esto crea resistencia. El Método Piloto Automático elude esta resistencia al integrar micro-prácticas en la arquitectura existente y no negociable de tu día. Buscamos pequeños puntos de contacto consistentes que señalen seguridad a tu sistema nervioso. La consistencia supera a la intensidad cada vez. Un ancla concentrada de dos minutos es exponencialmente más poderosa que una sesión de treinta minutos perdida.

La clave es apilar hábitos. Encuentra un hábito que ya realices sin pensar—como preparar el café, cepillarte los dientes o sentarte en la mesa de la cocina—y asocia un momento regulador a ello.

Calibración Matutina: La Conexión de Dos Minutos

El objetivo de la práctica matutina es establecer una línea base de calma antes de que las demandas del día te arrastren hacia la reactividad.

1. La Respiración del Café (60 Segundos): Mientras tu cafetera gotea o tu té se infusiona, no mires tu teléfono. En su lugar, mantente quieto. Escucha el sonido de la máquina. Toma tres respiraciones profundas y len-

tas que se enfoquen solo en el aroma del café. Sosten la taza caliente y nota el calor extendiéndose por tus manos. Te estás anclando a través del calor y el aroma. Esta es la pausa más simple posible.

2. Alineación Vertical (30 Segundos): Antes de hablar con tu hijo o revisar tu correo electrónico, párate erguido. Presiona tus pies firmemente contra el suelo. Este es un recordatorio físico de que estás aquí, ahora, y estable. Un cuerpo regulado es aquel que siente la gravedad. Nota la sensación de estar de pie.

3. La Revisión en el Espejo (30 Segundos): Cuando te laves las manos o la cara, mírate a los ojos. Haz un gesto genuino, sin juicio. Di internamente: "Estoy aquí. Soy capaz." Este pequeño momento de conexión contigo mismo ancla tu intención para el día.

Descarga Nocturna: Liberando la Tensión del Día

La rutina nocturna es fundamental para evitar que los estreses del día se filtren en tu sueño y contaminen el punto de partida de la mañana siguiente.

1. El Ancla del Cepillo de Dientes (60 Segundos): Mientras te cepillas los dientes, enfoca la atención puramente en lo sensorial. Escucha el zumbido del cepillo. Siente la textura de la pasta. Enfoca tus ojos en el espejo. Esta actividad mundana se convierte en un poderoso momento sensorial aislado que desvía tu atención de la rumiación mental.

2. Pies en el Suelo (60 Segundos): Cuando primero te sientes o te acuestes en la cama, antes de tomar un libro o encender la televisión, tómate un minuto completo para sentir el peso de tu cuerpo presionando contra el colchón o el suelo. Nombra tres cosas por las que estás agradecido de que tu cuerpo hizo hoy (por ejemplo, mis manos cocinaron, mis piernas caminaron, mi voz habló). Esta suave conexión sensorial señala al sistema nervioso que la amenaza se ha ido y es seguro descansar.

Estos no son extras opcionales; son un mantenimiento vital. Al entrelazar estos pequeños momentos consistentes en la tapicería existente de tu vida, no estás añadiendo una tarea—estás actualizando tu sistema operativo. El piloto automático se basa en la repetición. Haz la pequeña cosa de manera confiable, y el gran cambio en tu paz general seguirá. Tu sistema de regulación comenzará a funcionar silenciosamente en segundo plano, listo para apoyarte cuando el caos inevitablemente llame.

## ADVERTENCIA: LA TRAMPA SECRETA DE PENSAR QUE DEBES HACER ESTO SOLO (Y CUÁNDO LLAMAR A LOS EXPERTOS EN REGULACIÓN)

Este es el secreto que atrapa a muchos padres brillantes y amorosos en ciclos interminables de lucha: la creencia de que deben ser los únicos arquitectos de la regulación emocional de su familia.

Nos enseñan, implícita o explícitamente, que pedir ayuda con la crianza es una confesión de fracaso. Compraste el libro, aprendiste la ciencia, entonces, ¿por qué sigues estallando? ¿Por qué no se mantiene la calma?

La verdad es simple: estás lidiando con sistemas que tienen años, a veces décadas, de programación defensiva arraigada. A veces, el trauma histórico, los miedos profundamente arraigados o los desequilibrios químicos en el cerebro están demasiado enraizados para la autoayuda por sí sola.

Necesitamos normalizar el apoyo. Necesitamos redefinir buscar ayuda profesional no como una señal de derrota, sino como un compromiso con la excelencia. Estás contratando a un especialista para ayudar a renovar el cableado fundamental de la infraestructura emocional de tu familia. Eso es estratégico. Eso es valiente.

¿Cuándo Llamas a los Expertos en Regulación?

Tu kit de herramientas de regulación está diseñado para manejar la fricción diaria de la vida familiar. Pero hay umbrales específicos donde la intervención especializada se vuelve esencial para la seguridad y el cambio duradero.

1. Deterioro Funcional: Si el estrés de tu familia interfiere regularmente con la vida diaria—sueño, asistencia escolar, amistades, o tu capacidad para funcionar en el trabajo—es hora de buscar ayuda externa. Si la ansiedad es tan intensa que impide que el niño intente cosas nuevas o causa síntomas físicos severos (dolores de cabeza, dolores de estómago), busca una consulta de inmediato.

2. Intensidad y Persistencia: Has estado aplicando de manera consistente las herramientas de regulación durante semanas, y la intensidad o frecuencia de la desregulación (ya sea la tuya o la de tu hijo) no está disminuyendo. Si las reacciones emocionales de tu hijo son más grandes, más aterradoras o más frecuentes de lo que es típico para su edad, esa activación persistente en la zona roja necesita orientación experta.

3. El Padre Está Sin Energía: Si tú, el padre, te sientes perpetuamente agotado, emocionalmente insensible o estás dependiendo de mecanismos de afrontamiento que ya están comenzando a dañarte (consumo excesivo de alcohol, aislamiento), es hora de buscar tu propio terapeuta informado sobre traumas. Recuerda, un adulto regulado es el requisito previo. Si tu tanque está vacío, ninguna cantidad de técnica funcionará.

4. Comportamientos Preocupantes: Cualquier comportamiento que cruce al territorio de automutilación, ideación suicida, agresión severa hacia otros, o una regresión drástica y repentina en los hitos de desarrollo requiere una evaluación profesional inmediata. Este no es un problema de crianza; esta es una emergencia del sistema nervioso.

¿Qué Tipo de Experto?

No estás buscando solo un terapeuta cualquiera. Estás buscando un experto en regulación. Estos son a menudo terapeutas que se especializan en prácticas somáticas (basadas en el cuerpo), atención informada sobre traumas y modalidades específicas como la Teoría Polivagal, EMDR o brainspotting. Para niños, busca terapeutas de juego, terapeutas de artes expresivas o especialistas en comportamiento pediátrico que entiendan que el comportamiento es comunicación, no desafío.

Pedir apoyo no es un desvío en tu camino hacia la paz; a menudo es la ruta más corta y directa. Es el momento en que dejas de cargar con el peso abrumador de todo el paisaje emocional y permites que alguien comparta la carga.

No hay vergüenza en necesitar asistencia especializada para sanar heridas que a menudo fueron infligidas mucho antes de que tu hijo naciera. Tu decisión de pedir ayuda protege la paz por la que has trabajado tan duro para cultivar. Asegura el legado de regulación que estás construyendo para tu familia.

## TU INTUICIÓN REPROGRAMADA: CÓMO UN SISTEMA NERVIOSO MÁS CALMADO TE HACE EL PADRE MÁS INTELIGENTE Y DE MAYOR CONFIANZA EN LA HABITACIÓN

Durante tanto tiempo, te viste obligado a subcontratar tu sabiduría.

Compraste los libros. Te uniste a los foros. Buscaste frenéticamente en Google cada erupción, cada mirada desafiante, cada suspiro de tu adolescente. Cada momento de crianza se sentía como un examen final de alto riesgo, y buscabas desesperadamente la clave de respuestas en algún lugar fuera de ti mismo.

¿Por qué?

Porque la ansiedad es ruidosa. El miedo es una alarma insistente y exigente que grita: "¡PELIGRO! ¡ACTÚA AHORA!" Esta alarma—el sistema nervioso desregulado—ahoga el suave y constante zumbido de tu verdadera intuición parental. No podías escuchar tus pensamientos, y mucho menos confiar en ti mismo para liderar.

Ahora, las cosas son diferentes.

Has elegido consistentemente la pausa. Te has anclado en el estado vagal ventral. Has construido una base firme. ¿Qué sucede cuando la alarma finalmente se silencia?

Tú intuición se activa.

La intuición que surge de un estado regulado no es la misma que el impulso que proviene del miedo. El impulso basado en el miedo dice: Contrólalos. Grita más fuerte. Castígales para que aprendan. La intuición regulada dice: Reduce la velocidad. Observa más de cerca. Su angustia no es una amenaza; es una señal.

Por eso un adulto regulado es el padre más inteligente en la habitación. No porque hayas memorizado más términos de psicología infantil, sino porque estás accediendo a la parte más profunda y clara de tu propia inteligencia.

Cuando estás tranquilo, las respuestas fluyen.

Sabes instintivamente cuándo presionar y cuándo retroceder. Sabes exactamente qué tipo de límite necesita tu hijo obstinado frente al límite que necesita tu hijo sensible. Comprendes inmediatamente que la rabieta está enraizada en el cansancio, no en la rebeldía. Esto no es un don mágico; es la eficiencia natural de un sistema nervioso que no está desperdiciando energía escaneando en busca de peligro.

Confía en la guía silenciosa que has descubierto.

Tu voz interna ya no está distorsionada por el pánico. Es constante, específica y confiable. Deja de buscar al gurú en el exterior. Tú eres el experto. Tú eres el refugio seguro. Tu calma es la brújula.

Esta habilidad de sentir, en lugar de adivinar, es la recompensa definitiva del trabajo del sistema nervioso. Es el cambio final que te mueve de reaccionar a responder, y de la autocrítica perpetua a la confianza inquebrantable. Te has convertido en el líder confiable que tus hijos siempre supieron que podrías ser.

## EL BENEFICIO MULTI-GENERACIONAL: CÓMO TU DECISIÓN HOY CAMBIA EL DESTINO EMOCIONAL DE TUS NIETOS

A MENUDO NOS ENFOCAMOS EN LO INMEDIATO. LA ENERGÍA FRENÉtica del momento presente. ¿Manejé correctamente el berrinche por la tarea? ¿Establecí el límite con suficiente firmeza?

Pero el cambio que has realizado no es una solución temporal. Es un agente de cambio generacional.

No solo estás regulando a tus hijos. Estás cerrando un disyuntor en la ansiedad heredada. Estás decidiendo que las respuestas de estrés que se transmitieron de tus padres, y quizás de los suyos—los disgustos rápidos, las desconexiones silenciosas, la preocupación crónica—se detengan aquí. Se detienen contigo.

El mayor regalo que puedes transmitir no es la matrícula universitaria o un legado familiar. Es un sistema nervioso estable.

Tus hijos están internalizando tu presencia regulada como la configuración predeterminada para la vida familiar. Te observan pausar antes de reaccionar. Te ven nombrar tu frustración sin desatarla. Te ven reparar la conexión después de un momento de ruptura.

Este es el entrenamiento definitivo en inteligencia emocional. Así es como se construye la resiliencia, ladrillo por aliento.

Cuando salgan de casa, no llevarán un saco lleno de reglas, sino un plano interno para manejar el estrés. Entenderán que las emociones intensas no son igual a emergencia. Sabrán que la seguridad es algo que pueden crear dentro de sus propios cuerpos, no algo dependiente de la perfección externa.

Imagina a tus nietos.

Serán criados por adultos que saben cómo acceder a su propia calma. Serán testigos de padres que comunican límites con compasión y que normalizan los sentimientos intensos. El esfuerzo silencioso y constante que dedicas hoy a regular tus propias reacciones significa que tus nietos crecerán con menos trauma heredado que desenredar. Comenzarán sus vidas operando desde una base de seguridad, no de escasez.

Les estás proporcionando una base de tolerancia emocional. Te aseguras de que su hogar, construido por tus hijos, esté definido por la empatía y la conexión genuina.

Has abandonado el camino predeterminado de vivir de manera reactiva. Elegiste sentir la incomodidad, hacer el duro trabajo interno. Esa elección es un regalo monumental. Es el legado de la fuerza silenciosa. Es la promesa de paz emocional para las generaciones que aún están por venir. Has cambiado su destino.

# EPÍLOGO

## LO ÚNICO QUE NECESITAS RECORDAR CUANDO CHAÓS LLAME LA PRÓXIMA VEZ (VALOR: $1,997 EN TERAPIA)

Lo lograste.

Caminaste a través del caos. Y encontraste la quietud dentro de él.

Recuerda, el objetivo nunca fue la perfección.

Fue la presencia.

Fue convertirte en el adulto regulado que entiende que la verdadera fuerza radica en la suavidad.

Gracias por confiarme este viaje.

Ahora ve a respirar.

Y disfruta de la calma que has ganado.

www.ingramcontent.com/pod-product-compliance
Lightning Source LLC
LaVergne TN
LVHW022105071026
849580LV00014B/1974
* 9 7 9 8 2 9 5 6 3 7 2 5 4 *